LEIBNIZ-INSTITUT
FÜR JÜDISCHE GESCHICHTE UND KULTUR –
SIMON DUBNOW

# חפץ hefez

Arbeiten zur jüdischen Geschichte
und materiellen Kultur

Herausgegeben von Yfaat Weiss

Band 2

Bilha Shilo

# Ein Drama in Akten

Die Restitution der Sammlungen
des Wilnaer YIVO

Aus dem Hebräischen von David Ajchenrand

Vandenhoeck & Ruprecht

Diese Maßnahme wird mitfinanziert durch Steuermittel auf der Grundlage des vom Sächsischen Landtag beschlossenen Haushaltes.

Gefördert von

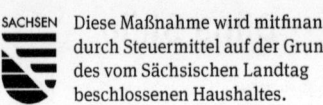

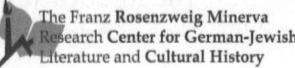

Bibliografische Information der Deutschen Nationalbibliothek: Die Deutsche Nationalbibliothek verzeichnet diese Publikation in der Deutschen Nationalbibliografie; detaillierte bibliografische Daten sind im Internet über https://dnb.de abrufbar.

© 2022 Vandenhoeck & Ruprecht, Theaterstraße 13, D-37073 Göttingen, ein Imprint der Brill-Gruppe
(Koninklijke Brill NV, Leiden, Niederlande; Brill USA Inc., Boston MA, USA; Brill Asia Pte Ltd, Singapore; Brill Deutschland GmbH, Paderborn, Deutschland; Brill Österreich GmbH, Wien, Österreich)
Koninklijke Brill NV umfasst die Imprints Brill, Brill Nijhoff, Brill Hotei, Brill Schöningh, Brill Fink, Brill mentis, Vandenhoeck & Ruprecht, Böhlau, Verlag Antike und V&R unipress.
Das Werk und seine Teile sind urheberrechtlich geschützt. Das Werk ist als Open-Access-Publikation im Sinne der Creative-Commons-Lizenz BY-NC-ND International 4.0 (»Namensnennung – Nicht kommerziell – Keine Bearbeitung«) unter dem DOI 10.13109/9783666351280 abzurufen. Um eine Kopie dieser Lizenz zu sehen, besuchen Sie https://creativecommons.org/licenses/by-nc-nd/4.0/. Jede Verwertung in anderen als den durch diese Lizenz erlaubten Fällen bedarf der vorherigen schriftlichen Einwilligung des Verlages.

Lektorat: André Zimmermann, Leipzig
Satz: textformart, Göttingen | www.text-form-art.de
Umschlaggestaltung: disegno visuelle kommunikation, Wuppertal
Druck und Bindung: Beltz Grafische Betriebe, Bad Langensalza
Printed in the EU

Vandenhoeck & Ruprecht Verlage | www.vandenhoeck-ruprecht-verlage.com

ISSN 2749-9324
ISBN 978-3-525-35128-4

# Inhalt

Vorwort . . . . . . . . . . . . . . . . . . . . . . . . . 7

Einführung . . . . . . . . . . . . . . . . . . . . . . . 9

Wilna . . . . . . . . . . . . . . . . . . . . . . . . . . 15

Offenbach . . . . . . . . . . . . . . . . . . . . . . . 39

Prag . . . . . . . . . . . . . . . . . . . . . . . . . . . 79

Epilog: New York/Jerusalem . . . . . . . . . . . . . . . 117

Quellen, Anmerkungen und Literatur . . . . . . . . . . 133

Zur Autorin . . . . . . . . . . . . . . . . . . . . . . . 151

## Vorwort

Als Alltagssprache des weltweit größten Teils der jüdischen Bevölkerung wurde Jiddisch am Vorabend des Zweiten Weltkrieges von insgesamt elf Millionen Menschen gesprochen. 1927 wurde die staatenlose jiddische Literatur als vollwertiges Mitglied in die Schriftstellervereinigung PEN International aufgenommen. Dadurch kam dem Jiddischen ein besonderer Status als Kultursprache zu – einmal mehr, weil diese Anerkennung als nationale Sprache ohne eigenes Territorium erfolgte. In diesem Kontext entstand, wie Efrat Gal-Ed jüngst herausgearbeitet hat, der Neologismus »Jiddischland«, der jene transterritoriale Lebenswelt bezeichnet, deren progressiver säkularer Sprach- und Kulturraum sich über das östliche Europa erstreckte.

Zeitgleich war das YIVO, das Yidisher Visnshaftlekher Institut, mit Hauptsitz in Vilnius und Zweigstellen in Warschau, Berlin und später New York, das Herz der wissenschaftlichen Erforschung der jiddischen Sprache, Kultur und Geschichte, die von 1925 bis zum Kriegsausbruch eine Hochphase erlebte. Die nationalsozialistische Vertreibungs- und Vernichtungspolitik setzte dieser Entwicklung ein jähes Ende. Obgleich außereuropäische jiddische Kulturräume, etwa in New York, Montreal und Buenos Aires, überdauerten, war die jiddischsäkulare Kultur nach 1945 durch den stalinistischen Abnutzungskrieg, die Verdrängung zugunsten einer hebräischen Kultur zuerst in Eretz Israel und später im israelischen Staat sowie durch die zunehmende Amerikanisierung der Einwanderer und ihrer Nachkommen in der Neuen Welt dem Untergang geweiht.

Den wenigen übrig gebliebenen Spuren dieser einstigen Blüte folgt Bilha Shilo in ihrer vielschichtigen Erzählung über das YIVO. Die Autorin stellt den einzigartigen Erfolg bei der Restitution von dessen in der amerikanischen Besatzungszone in Deutschland aufgefundenen Kulturgütern der gescheiterten Rückführung von Sammlungsteilen im kommunistisch besetzten Prag gegenüber. Um die Geschichte der YIVO-Sammlungen vom Ausbruch des Zweiten Weltkrieges bis in die frühen 1950er Jahre nachzuzeichnen, hat Shilo in einer detektivischen Meisterleistung nahezu jeden Stein umgedreht. In der Frage nach den Besitzverhältnissen der Kulturschätze laufen die für den Untersuchungszeitraum historisch relevanten Themen zusammen: die Herausbildung einer zukunftsgewandten jüdischen Kultur im östlichen Europa mit dem Jiddischen als moderner Sprache, die Anfänge einer jüdischen Ethnografie, die Geschichte jüdischer Kultur unter kommunistischer Herrschaft, ihre Zerstörung durch die Nationalsozialisten, der Raub und das Verschwinden jüdischer Kultur im östlichen Europa nach der Teilung des Kontinents, der Kampf um sie zwischen Ost und West im Kalten Krieg sowie die Streitigkeiten zwischen Israel und der Diaspora um das Erbe der jüdisch-europäischen Kultur.

Yfaat Weiss                                                                                       Herbst 2021

## Einführung

»Ich habe die ganze Woche Buchbestände durchgesehen und dabei einige Tausend Bücher, die durch meine Hände gingen, weggeworfen. Bücher stapeln sich auf dem Boden des YIVO-Lesesaales. Ein Leichenhaus der Bücher. Ein Massengrab. [...] Die wenigen, die ich aussortiert habe, werden wir vielleicht retten können. Und wenn die Erlösung bald kommt, gelingt es vielleicht auch, vom Haufen einen Überrest zu retten. Mögen wir das erleben!«

*Zelig Kalmanovitch, Tagebucheintrag
aus dem Wilnaer Ghetto, 26. August 1943*

Wilna, das Jerusalem Litauens *(Jeruschalajim de-Lita),* war das Zentrum jüdischer Kultur in Nordosteuropa und galt als eine Wiege ihres geistigen Lebens. Nach der deutschen Besetzung des Baltikums 1941 waren die Mitglieder des Yidisher Visnshaftlekher Institut (YIVO; in den Quellen auch IWO, YVO, YWO) in Wilna gezwungen worden, die Kulturschätze ihrer Stadt zu sortieren, zu verpacken und nach Deutschland zu schicken. Zelig Kalmanovitch, jüdischer Linguist, Historiker und herausragender Intellektueller, dokumentierte als leitender Mitarbeiter des YIVO den grausamen Charakter der Arbeit in seinem Tagebuch aus dem Wilnaer Ghetto. Auch der jiddische Dichter Abraham Sutzkever, der zur jungen geistigen Elite Wilnas gehörte und wie Kalmanovitch dazu verurteilt war, am Zerstörungswerk der Nationalsozialisten mitzuwirken, zog in seinen Aufzeichnungen aus dem Ghetto eine Parallele zwischen der Vernichtung der Kulturschätze des Wilnaer Judentums und dessen physischer Vernichtung: Beide verfolgten das Ziel, »das halbe Jahrtausend jüdisches Vilne vollständig von der Erde« zu tilgen. Er schilderte, wie

Bücher von dem dafür eingesetzten Einsatzstab Reichsleiter Rosenberg (ERR) zusammengetragen und zu Sammelstellen gebracht wurden, so wie man die Juden in den Ghettos zusammentrieb, um »sie ›nach links-rechts‹ zu sortieren und dann allesamt zu vernichten«. Die Bücher wurden zweckentfremdet und ihrer geistigen Bedeutung beraubt, wie die Juden erniedrigt wurden: Thorarollen seien zu Leder verarbeitet und kostbare alte Bleimatrizen eingeschmolzen worden. »Der Rosenbergstab fahndete ebenso gründlich und sorgsam nach einem jüdischen Wort, wie die Gestapo nach versteckten Juden suchte.«[1]

Vor den Augen der deutschen Besatzer schmuggelten Kalmanovitch, Sutzkever und andere jüdische Zwangsarbeiter täglich unter Lebensgefahr Bücher und Manuskripte in Verstecke im Ghetto. Als Mitglieder des von den Deutschen eingesetzten Arbeitskommandos, der »Papierbrigade« (jidd. *Papir-Brigade*), wie sie im Ghetto genannt wurde, setzten sie sich unermüdlich für den Erhalt des jüdischen Kulturguts ein, auch noch nach der Befreiung. Nach dem Krieg brachten Sutzkever und seine Mitstreiter heimlich Bücher und Handschriften nach Westeuropa und überführten sie von dort in die Zentrale des YIVO, die bereits 1940 nach New York verlegt worden war. In jenen Jahren kümmerten sich Vertreter des Instituts in den Vereinigten Staaten und in Westeuropa unter Führung des jüdischen Soziolinguisten Max Weinreich, der sich selbst aus Europa hatte retten können, um die Suche nach den verbliebenen Beständen des YIVO und ihre Bergung. Sie intervenierten vor allem bei der amerikanischen Regierung, da wertvolle, von den Deutschen verschleppte Sammlungsteile des Instituts in der amerikanischen Besatzungszone aufgetaucht und gesichert worden waren. Diese lagerten ab März 1946 im Offenbach Archival Depot, einer nahe Frankfurt am Main eingerichteten amerikanischen Sammelstelle für geraubte Kulturgüter, insbesondere für Bücher und Ritualgegenstände jüdischer Provenienz. Von hier aus wurden die YIVO-Bestände nach unermüdlichem

Ringen schließlich dem Institut zurückerstattet – allerdings nicht nach Wilna, sondern nach New York.

Diese außergewöhnliche Rettungsgeschichte steht im Zentrum des vorliegenden Bandes (Abb. 1). Teile dieser Geschichte sind in den zurückliegenden Jahren von verschiedenen Forscherinnen und Forschern zum Gegenstand gemacht worden – sei es innerhalb der allgemeinen Institutsgeschichte des YIVO (Cecil Kuznitz), der Geschichte der Papierbrigade im besetzten Wilna (David Fishman), der jüdischen Anstrengungen im Bereich der Kulturrestitution nach dem Krieg (Elisabeth Gallas), biografischer Arbeiten zu Protagonisten der Rettung, etwa Max Weinreich (Kalman Weiser) und Lucy S. Dawidowicz (Nancy Sinkoff) oder der Beschreibung des Schicksals von Partnereinrichtungen wie der berühmten Wilnaer Strashun-Bibliothek (Dan Rabinowitz). Der vorliegende Essay baut auf den hier präsentierten Ergebnissen auf und erweitert sie um einen umfassenden Blick auf die in den 1940er Jahren von New York aus angestrengte Recherche zum Verbleib der YIVO-Sammlungen, die mühevolle rechtliche wie organisatorische Vorbereitung und schließlich Durchführung ihrer Restitution sowie die durch den beginnenden Kalten Krieg verhinderte vollständige Überführung aller aufgefundenen Bestände in das Institut nach Amerika.

Um diesen Zusammenhängen nachzuspüren, steht das Engagement der YIVO-Vertreterinnen und -Vertreter für die Rettung des Institutseigentums (vorrangig Bücher, Zeitschriften und Dokumente) während des Krieges, nach der Befreiung und in den Nachkriegsjahren im Mittelpunkt der folgenden Überlegungen. Es war ein äußerst bemerkenswertes Unternehmen und der Umstand, dass die Beteiligten ihr Leben der Rettung und Restitution von Kulturgütern gewidmet und oft auch geopfert haben, ist alles andere als eine Selbstverständlichkeit. Ihr persönlicher Einsatz scheint dabei auf zwei Aspekten kompromissloser Hingabe für ein geradezu heiliges Ziel zu beruhen, das sie mit dem Selbst-

Abb. 1: Die Feier zur Grundsteinlegung des YIVO in Wilna fand im Beisein zahlreicher geladener Gäste und der interessierten Bevölkerung im Oktober 1929 statt. © Yad Vashem Photo Archive, Jerusalem. 3380/642.

verständnis des Wilnaer YIVO in Verbindung brachten: einerseits der Erhalt und die Förderung eines säkularen nationalen jüdischen Bewusstseins (in der Diaspora) und andererseits die Bewahrung einer Institution, die sich dem Wohle der jüdischen Bevölkerung und der Stärkung ihres Selbstverständnisses als Jüdinnen und Juden verschrieben hatte. Der zunehmende Antisemitismus in den 1920er und 1930er Jahren hatte bereits dazu geführt, dass sich Forschungsschwerpunkte im YIVO gezielter in Richtung einer Unterstützung des jüdischen Daseins als solches, insbesondere der jiddischen Kultur und Sprache, verschoben. In diesem Geiste operierten seine Mitglieder auch noch unter deutscher Besatzung, als sie ihr Leben für die Rettung der Kulturgüter des Wilnaer Judentums aufs Spiel setzten, ebenso nach dem Krieg auf der riskanten Flucht in den Westen mit geretteten Kulturschätzen im Gepäck. Das Handeln der New Yorker YIVO-Angehörigen bei der Restitution beruhte auf ähnlichen Motiven; während der Bemühungen, die Sammlungen nach

Amerika zu überführen, hielt das Institut an seinen Zielen fest. Es ging um nichts weniger als um die Ausrichtung des amerikanischen Judentums und um den Platz des YIVO – und des Jiddischen – in dieser größten jüdischen Gemeinschaft der Welt.

Die Restitution von YIVO-Besitz wird im Folgenden in zwei geopolitischen Kontexten untersucht. In einem war das YIVO außerordentlich erfolgreich, im anderen scheiterte es kläglich. Beide Perspektiven verkörpern gleichsam bestimmte Zeitsphären des Instituts: Vergangenheit und Zukunft. Während die Befürworter der Restitution der Offenbacher Bestände in ihrer Argumentation immer wieder auf die glanzvolle Vergangenheit der Einrichtung verwiesen und diese als wesentlichen Faktor der erfolgreichen Rückerstattung herausstellten, schadete gerade dieses hohe Ansehen des YIVO den Bemühungen um Rückgabe des nach Kriegsende in der Tschechoslowakei entdeckten Kulturbesitzes. Der verlorene Kampf des Instituts um seine Sammlungen in Osteuropa veranschaulicht die Ohnmacht in jenem Raum nach der Shoah ganz besonders und war paradoxerweise Vorbote seines späteren Bedeutungsverlusts in den Vereinigten Staaten. Das Ringen um die Restitution im Westen und im Osten wird in zwei Kapiteln dieses Bandes dargestellt. Vorab sollen jedoch in knapper Form die Geschichte des YIVO in der Zwischenkriegszeit und die Initiativen zur Rettung seiner wichtigsten Kulturschätze in den Jahren der Katastrophe dargelegt werden. Das letzte Kapitel schließlich beschäftigt sich mit den neuen jüdischen Zentren, die nach der Shoah entstanden, und mit den Spannungen zwischen ihnen, die sich hinsichtlich der Ansprüche auf das materielle Kulturerbe aus Europa ergaben. Im Schlusskapitel werden noch einmal der Weg Max Weinreichs und seine existenziellen Entscheidungen für die Zukunft des YIVO in dessen dunkelsten Jahren rekapituliert – Entscheidungen mit weitreichenden Konsequenzen für die Rettungsmöglichkeiten und hoher Relevanz für den Erhalt des YIVO als solches.

# Wilna

## Das YIVO in der Zwischenkriegszeit

1891 verfasste Simon Dubnow, einer der bedeutendsten jüdischen Historiker seiner Zeit, einen Aufruf an alle Jüdinnen und Juden, die in den Gemeinden im östlichen Europa verstreuten historischen Zeugnisse jüdischen Lebens aufzuspüren und der Forschung zur Verfügung zu stellen:

> »Ich wende mich an euch alle, packt mit an beim Bauwerk der Geschichte! [...] Jeder von Euch kann Material sammeln und beim Aufbau unserer Geschichte helfen. Geschichte aufzubauen ist ein *nationales* Werk, an dieser Unternehmung müssen deshalb alle Mitglieder unseres Volkes mitwirken, die schreiben können, literarische Werke verstehen und den Wert der Geschichte zu schätzen wissen ... Lasst uns an die Arbeit gehen, unsere verstreuten, wohin auch immer gelangten Fragmente zurückholen, ordnen, veröffentlichen und danach auf ihrem Fundament den Tempel der Geschichte errichten. *Lasst uns suchen und forschen!*«[1]

Als vehementer Verfechter der Idee nationalkultureller Autonomie der Juden in der Diaspora und angesichts des Niedergangs traditioneller Formen von Gemeinschaftsstiftung erkannte Dubnow das kollektive Geschichtsbewusstsein als einigendes Element jüdischen Selbstverständnisses in der Moderne. Er machte es sich und der jüdischen Bevölkerung zur Aufgabe, daran mitzuwirken, ein solches historisches Bewusstsein zu entwickeln und ihm mithilfe der Suche nach Quellen eine materielle Grundlage zu geben. Zahlreiche Personen folgten seinem Aufruf und sandten Dokumente an ihn. Dubnow baute ein großes Privatarchiv auf und förderte aktiv die Gründung der jüdischen Historisch-Ethnografischen Kommission in St. Petersburg.

Zwei Jahrzehnte später sorgte diese Kommission dafür, dass Dubnows Aufruf systematisch in die Tat umgesetzt wurde. Forschungsdelegationen, sogenannte *zamlers* (Sammler), trugen auf Initiative des Ethnografen und jiddischen Schriftstellers Salomon An-Ski (Shloyme Rappoport; u. a. *Der Dibbuk*) in Dutzenden Schtetl im jüdischen Ansiedlungsrayon des Russischen Kaiserreichs Urkunden und Dokumente, Kunstgegenstände und ethnografische Objekte zusammen, die später in Ausstellungen gezeigt wurden.

Doch Dubnow war nicht der Einzige, der für die Weiterentwicklung des modernen jüdischen Selbstverständnisses warb. Im späten 19. Jahrhundert äußerte der Sozialist Chaim Schitlowsky ähnliche Anschauungen. Anders als Dubnow legte Schitlowsky jedoch die Betonung auf die jiddische Sprache und Kultur, die er als zentrales Integrationselement des jüdischen Volkes betrachtete – und wurde damit ein Protagonist der Bewegung des Jiddischismus im östlichen Europa. Er rief dazu auf, den »Jargon« Jiddisch zu standardisieren und in eine vollwertige moderne Sprache zu verwandeln, die den Anforderungen des jüdischen Lebens in der Diaspora genüge. Dabei ist zu bedenken, dass am Ende des Ersten Weltkrieges fast elf Millionen Menschen Jiddisch sprachen, etwa 75 Prozent der jüdischen Bevölkerung weltweit. Die Juden in Polen wurden aufgrund der Minderheitenschutzverträge von 1919 als jiddischsprachige Minderheit anerkannt. In der Weißrussischen SSR war das Jiddische gar Landessprache und auch in der gesamten Sowjetunion selbst wurde es durch die Gründung von Schulen, Theatern, Zeitungen und Verlagen und besonders nach der Ausrufung der Autonomen Jüdischen Region mit der Hauptstadt Birobidschan im fernen Osten des sowjetischen Gebiets aufgewertet. Die Befürworter der jüdischen Autonomie folgten Dubnow und Schitlowsky und erhoben das Jiddische zum Grundbaustein ihres nationaljüdischen Selbstverständnisses, ähnlich wie die Zionisten ihres an das Hebräische koppelten. Doch im Gegensatz zum Zionismus war der jiddischistische Nationalgedanke nicht an ein spezifisches Territorium gebunden. Das Jiddische übernahm vielmehr eine Doppelrolle, indem es religiöse wie territoriale Bindungen in kulturell-geistige überführte.

Das YIVO gab Dubnows Vision schließlich einen institutionellen Rahmen, das Jiddische wurde durch das dort festgelegte Regularium zu einer Standardsprache, die als Instrument, Symbol und Zweck den Grundpfeiler der Institutswelt darstellte. Auf dieser Grundlage bildete sich das weltanschauliche Credo des YIVO heraus: »Funem folk, farn folk, mitn folk« (Vom Volk, für das Volk, mit dem Volk). Zentrale, die Juden in Europas Osten schicksalhaft betreffende wirtschaftliche, erzieherische und gesellschaftliche Fragen hatten bei den Forschungsanstrengungen des YIVO den Vorrang. Das Institut war bestrebt, mithilfe der jiddischen Sprache, die auch von Intellektuellen benutzt wurde und so zum Bindeglied zwischen der jüdischen Bevölkerung und ihrer nationalen Elite wurde, die Gegensätze zwischen beiden zu verringern. Es war zweifellos mehr als nur ein akademisches Zentrum: Nach der Vorstellung seiner Initiatoren sollte im multiethnischen osteuropäischen Raum eine moderne jüdische Minderheit, deren Hauptcharakteristik die jiddische Sprache und nicht mehr die Religion war, ihren anerkannten Platz finden.

Wenige Monate nach Gründung des YIVO erläuterten seine Mitglieder die Umstände, die zu dessen Einrichtung geführt hatten: Durch die Zerstörungen des Ersten Weltkrieges war die auch schon zuvor sich abzeichnende Notwendigkeit, für den Erhalt des jüdischen Kultur- und Geisteslebens im östlichen Europa zu sorgen, noch drängender. Die politischen Umwälzungen infolge des Krieges akzentuierten zudem die Relevanz der Kultur- und Sprachfragen und ließen die Gelegenheit aufscheinen, die jiddischistische Vision zu verwirklichen. Schließlich verliehen die Aufrufe in der jüdischen Welt zur Gründung eines akademischen jiddischistischen Zentrums dem Anliegen zusätzlich Schub. So fand im März 1925 in Wilna (dem damaligen Wilno auf polnischem Staatsgebiet) ein Treffen von Vertretern verschiedener Bildungseinrichtungen und den Jiddischisten Max Weinreich und Zalman Reisen, Philologe und Herausgeber der Zeitung *Vilner Tog*, statt. Auf deren Anregung hin wurde der Vorschlag zur Begründung eines Forschungsinstituts für die Ausbildung von Lehrkräften und die Weiterbildung der allgemeinen jüdischen Öffentlichkeit im Sinne säkularer jiddischistischer Überzeugungen diskutiert. Die Zusammenkunft sollte einer der Schlüsselmomente in der Gründungsphase des YIVO werden.

Im August desselben Jahres trafen in Berlin neun Jiddischisten aus Ost- und Westeuropa, unter ihnen Max Weinreich, zu einer Konferenz zusammen, um über die künftige Struktur des Instituts zu beraten. Es wurde beschlossen, die verschiedenen Forschungsthemen auf getrennte Abteilungen aufzuteilen, die in mehreren Zentren jüdischen Lebens angesiedelt werden sollten – eine Abteilung für Philologie, Literatur und Folklore in Wilna unter Weinreichs Leitung, eine Abteilung für Geschichte in Berlin unter der Leitung des Historikers Elias Tcherikower, eine Abteilung für Soziologie und Wirtschaft ebenfalls in Berlin unter der Leitung des Soziologen Jacob Lestschinsky und eine Abteilung für Pädagogik und Psychologie in Warschau. Letztere wanderte zwischen Warschau und Berlin hin und her, um sich schließlich als amerikanische Zweigstelle des YIVO (Amopteyl) in New York unter der Leitung des Historikers Jacob Shatzky und des Literaten Leibush Lehrer zu etablieren. Ihre wissenschaftliche Arbeit bestand insbesondere in der Sammlung von Daten zu Bildungseinrichtungen in Wilna und zu jüdischen sozialen Einrichtungen in Osteuropa. Rückblickend lag ihre Bedeutung allerdings zuvorderst in der Einwerbung von Spenden für das YIVO. Im Lauf der Zeit entwickelte sich die Warschauer Abteilung der Historiker Emanuel Ringelblum und Raphael Mahler zu einem unabhängigen Institut für die Erforschung des polnischen Judentums. Auch wurde auf der Berliner Konferenz die Herausgabe einer Zeitschrift beschlossen.

In der Anfangszeit operierte das YIVO von Weinreichs Privatwohnung in Wilna aus. Aufgrund der Aussicht auf einen staatlichen Zuschuss im Fall der Einrichtung der Institutszentrale in Berlin wurde kurzzeitig die Übersiedlung dorthin erwogen. Doch der erste Vorstand beschloss den Aufbau der Zentrale in Wilna. Von der Rivalität zwischen den Jiddisch-Zentren der Welt geprägt, genoss die Stadt vor allem mit ihren prosperierenden Druckereien und Verlagen hohes Ansehen, was ihr den Ruf als »Jerusalem Litauens« oder »Jerusalem des Nordens« eintrug. Die jüdische Gemeinschaft vor Ort, die in der Zwischenkriegszeit 55 000 Menschen zählte und etwa ein Drittel der Stadtbevölkerung ausmachte, galt als einflussreiches Kulturzentrum mit einer lebendigen intellektuellen Elite. Zu den wichtigsten Institutionen zählte die im 19. Jahrhundert von dem jüdischen Gelehrten Mattitjahu Strashun gegründete Bibliothek, die er der Gemeinde vermacht hatte. In einem Neubau nahe der Synagoge begründete diese zu Beginn des 20. Jahrhunderts damit eine der bedeutendsten jüdischen Sammlungen Osteuropas und die erste öffentliche jüdische Bibliothek weltweit. Sie stand sinnbildlich für das »Jerusalem des Nordens« und die glanzvolle Vergangenheit der Stadt. Das YIVO sollte sich hingegen als modernes wissenschaftliches Institut für deren Zukunft profilieren.

Das YIVO erwarb 1928 ein Grundstück in der Ulica Wiwulskiego 18 in einem gehobenen Stadtteil außerhalb des alten und heruntergekommenen jüdischen Viertels. Ein Jahr später fand der erste YIVO-Kongress statt, auf dem Weinreich, Reisen und Zelig Kalmanovitch zum Vorstand gewählt wurden. Außerdem wurde der Grundstein für das neue Gebäude gelegt. Das Institut erhielt einen bescheidenen staatlichen

Zuschuss, wegen finanzieller Schwierigkeiten (die Angestellten erhielten über ein Jahr kein Gehalt) dauerte es aber noch vier Jahre, bis das YIVO in das neue Gebäude einzog und Archiv, Museum und Bibliothek ihren Betrieb aufnahmen. Das neue Gebäude symbolisierte den damaligen Status der Einrichtung: Wie es sich für ein internationales Institut gehörte, hing im Aufgang des Gebäudes eine Karte, auf der die dreißig Niederlassungen und Unterstützungszentren des YIVO weltweit eingezeichnet waren (Abb. 2). Es dauerte nicht lange, bis das YIVO zu einem integralen Bestandteil der jüdischen Gemeinschaft wurde; der Aufruf Dubnows, selbst YIVO-Mitglied, fand über die Intelligenz hinaus Gehör in weiten Kreisen der jüdischen Gesellschaft. Ohne die Unterstützung aus der Bevölkerung hätte er sein Ziel nicht erreicht. Abgesehen von der moralischen und finanziellen Hilfe betätigten sich Hunderte Freiwillige – ein Drittel davon ohne höheren Schulabschluss und in verarmten Verhältnissen lebend – als *zamlers* und begaben sich auf Dachböden und in den Genizot der Synagogen auf die Suche. Ihre Funde bildeten die Grundlage für Forschungsprojekte aller Abteilungen des YIVO. Zudem erhielt die Institution Bücherspenden aus der jiddischsprachigen Diaspora, besonders aus Polen, der Sowjetunion und den Vereinigten Staaten; in ihren Beständen befanden sich auch Bücher, die vor dem Ersten Weltkrieg im Russischen Zarenreich und in der Österreichisch-Ungarischen Monarchie erschienen waren.

Kerngebiet des YIVO war die empirische Forschung. Als akademische Einrichtung entwickelte es eine eigene Forschungsstrategie. Damit stand das Institut in unausgesprochener Rivalität zur ebenfalls im Jahr 1925 gegründeten Hebräischen Universität Jerusalem, die ein Symbol des sich erneuernden geistigen Zionismus in der biblischen Heimat der Juden darstellte. Dem YIVO dagegen wurden Antizionismus und Antihebraismus vorgeworfen, auch wegen des engen Arbeitsverhältnisses zu sowjetisch-jüdischen akademischen Zentren in Kiew und Minsk.

Abb. 2: Aufgang des YIVO-Gebäudes in Wilna mit der Weltkarte und dem Schriftzug »Der YIVO un zayne farbindungen iber der velt« (Das YIVO und seine Verbindungen weltweit). © From the Archives of the YIVO Institute for Jewish Research, New York/Szer.

Angesichts der Krise, in der sich das osteuropäische Judentum seit Mitte der 1930er Jahre befand, des wachsenden Antisemitismus und der zunehmenden Verarmung der Bevölkerung, wünschte man sich, das YIVO könnte ein Modell für Widerstand und Resilienz sein. Die Aufklärung als intellektuelle Waffe nutzend, suchten die Institutsmitglieder nach Möglichkeiten, um die jüdische Gemeinschaft moralisch zu stärken, ihr Ehr- und Sicherheitsgefühl zu erhöhen, sie auf ihre Rechte und deren Einforderung aufmerksam zu machen und ihr Instrumente für eine pragmatische Auseinandersetzung mit der Realität an die Hand zu geben. Von Forschungsprojekten mit lebenspraktischer Ausrichtung erhoffte sich die Einrichtung positive Impulse auf das jüdische Leben. Weinreich war davon überzeugt, dass neben der Einführung der standardisierten jiddischen Sprache auch die Schärfung des Bewusstseins für jüdische Werte sowie historische und sprachgeschichtliche Kenntnisse eine Wirkung in den Alltag hinein entfalten würden. Vor diesem Hintergrund wurde etwa eine Abteilung für Jugendforschung gegründet, die weltweit unter jüdischen Heranwachsenden Autobiografie-Schreibwettbewerbe veranstaltete, deren Ergebnisse wiederum als Forschungsgrundlage für ethnologische und anthropologische Fragestellungen genutzt wurden. Auf ähnliche Weise arbeitete die historische Abteilung in Warschau, die jüdischen Politikern Kenntnisse in der Frage des Schächtens zur Verfügung stellte und so deren Argumentationsfähigkeit in der Debatte um die Verabschiedung eines Schächtverbots in Polen erhöhte. Die Abteilung für Statistik und Wirtschaft in Berlin wiederum führte eine Studie über die Schtetl in Osteuropa durch, die bis zur Verhaftung Lestschinskys kurz nach der Machtübertragung an die Nationalsozialisten in Deutschland fortgeführt wurde. Nach seiner Freilassung setzte er sich nach Warschau ab und verfolgte dort ein Projekt zur jüdischen Arbeiterschaft in Lodz. Der methodische Ansatz der angewandten Praxis, den das YIVO vertrat, äußerte sich auch in Migrationsfragen, etwa in der Erarbeitung von Handreichungen für jene, die in Richtung Westen auswandern wollten. Trotz der wirtschaftlichen und gesellschaftlichen Widrigkeiten, des wachsenden Antisemitismus und der Angst vor einem Krieg befand sich das YIVO damals auf dem Höhepunkt seiner Entwicklung.

Die Rote Armee marschierte am 19. September 1939 in Wilna ein. Bereits in den ersten Tagen nahmen die Besatzer zahlreiche Verhaftungen vor. Ihnen fiel auch Zalman Reisen zum Opfer, der später hingerichtet wurde. Andere Mitglieder des YIVO-Vorstands flüchteten aus der Stadt. Weinreich befand sich zu dem Zeitpunkt mit Teilen seiner Familie auf der Durchreise in Kopenhagen, blieb zunächst dort und kehrte nicht mehr nach Wilna zurück. Kalmanovitch, der die litauische Staatsbürgerschaft besaß, hielt sich im litauischen Kaunas (Kovno) auf und kehrte erst nach dem 10. Oktober nach Wilna zurück, als die Stadt wieder Teil des unabhängigen Litauens war. Statt erneut die Führung des YIVO zu übernehmen, wurde er auf den Posten des Archivars versetzt und der bisherige Archivar, der mit den Kommunisten sympathisierende Moshe Lerer, an seiner Stelle zum Institutsleiter ernannt. Abgesehen davon, dass den Mitarbeitern des Instituts Versetzungen aufgezwungen wurden und sich der Mangel an Ressourcen beständig verschärfte, sahen sie sich mit schwerwiegenden existenziellen Problemen konfrontiert. Wilna wurde zum Zufluchtsort von rund 14 000 Flüchtlingen aus der deutsch besetzten Zone Polens, unter ihnen auch YIVO-Mitglieder. Über ein halbes Jahr debattierten die Angehörigen sämtlicher Abteilungen über die Fortentwicklung der Einrichtung und das Schicksal seiner Leute. Die Notwendigkeit, für die Flüchtlinge und für die jüdische Bevölkerung in Wilna zu sorgen, und gleichzeitig die Interessen des Instituts zu wahren – den Transfer des Hauptstandorts, des Personals und der Sammlungen nach New York eingeschlossen –, war unbestritten und stellte doch eine Herausforderung dar. Von der Lösung dieses Problems hing jedoch ab, was in Zukunft als Peripherie und was als Zentrum gelten sollte. Die Folgen für die Zukunft des Instituts wie auch die damit verbundene Botschaft waren offensichtlich, sie drohten den innersten Kreis der YIVO-Anhängerschaft schwer zu treffen. Ausschlaggebend für die Entscheidung war schließlich die Übersiedlung Max Weinreichs in die Vereinigten Staaten. Nach Erhalt eines Einreisevisums für Akademiker traf Weinreich Mitte März 1940 mit seinem Sohn Uriel in New York ein.

Nach dem sowjetischen Überfall auf Litauen wurde Wilna am 17. Juni 1940 von der Roten Armee besetzt; am 3. August desselben Jahres wurde das Land als Litauische Sowjetische Republik von der Sowjetunion annektiert. Daraufhin wurden die Bildungs-, Kultur- und religiösen Einrichtungen verstaatlicht, darunter auch das YIVO, das dem Institut für Litauische Studien angeschlossen wurde (Abb. 3). Im Januar 1941 kam es zu einer weiteren Umwälzung. Das YIVO wurde in die Akademie der Wissenschaften eingegliedert und in Institut far Yidisher Kultur (Institut für jüdische Kultur) um-

Abb. 3: Ein Bibliotheksraum des YIVO, noch mit gut gefüllten Regalen, April 1943. © Yad Vashem Photo Archive, Jerusalem. 4613/396.

benannt. Als sein Leiter wurde der aus Warschau geflüchtete YIVO-Angehörige Noah Pryłucki bestellt, der einen Lehrstuhl für Jiddische Studien an der Universität Wilna erhielt. Lehrstuhl und Institut gerieten nunmehr vollständig unter die Kontrolle der Kommunisten, was dazu führte, dass sämtliche als regimefeindlich eingestuften Personen ihrer Ämter enthoben wurden, so auch Kalmanovitch. Gleichzeitig gelang es dem Institut aber, eine gewisse Kontinuität in seiner Arbeit zu wahren. Es wurden Publikationen und Ausstellungen realisiert. Die Sammlung des Instituts vergrößerte sich durch die Überführung Zehntausender Bände und Materialien aus den zwangsaufgelösten jüdischen Einrichtungen Litauens und es wurden Pläne für die Zukunft geschmiedet. Diese sollten jedoch kein halbes Jahr später im Juni 1941 sämtlich zunichte gemacht werden.

## Plünderung und Zerstörung unter deutscher Besatzung

Am 24. Juni 1941 wurde Wilna von der Wehrmacht besetzt und bereits Anfang Juli ordneten die deutschen Besatzer die Ernennung eines »Judenrates« an. Die Führung der jüdischen Gemeinde wählte dessen Mitglieder und bestellte unter anderen den Bankier Anatol Fried zum stellvertretenden Vorsitzenden. Im selben Monat wurden etwa 5000 Jüdinnen und Juden nach Ponary im Wald bei Wilna verschickt und dort erschossen. Ende August beschloss die Besatzungsmacht die Einrichtung eines Ghettos im alten jüdischen Viertel von Wilna. Zur selben Zeit wurden etwa 8000 weitere Jüdinnen und Juden deportiert und in Ponary exekutiert. Unter ihnen befanden sich die meisten Mitglieder des zuvor ernannten Judenrates. Am 6. September wurde die jüdische Bevölkerung Wilnas in ein zweigeteiltes Ghetto gesperrt: In das Erste Ghetto wurden 30000 Jüdinnen und Juden hineingezwängt, in das kleinere Zweite Ghetto 11000. Im Zuge dieser Zwangsumsiedlung wurden erneut 6000 Personen deportiert und in Ponary ermordet. Daraufhin ernannten die deutschen Besatzer fünf weitere Mitglieder des Judenrates. Anatol Fried wurde zum Vorsitzenden im Ersten Ghetto bestimmt. Dieser wiederum setzte Jacob Gens, einen ehemals hohen Offizier der litauischen Armee, der erst bei Kriegsausbruch nach Wilna gekommen war, als Chef der jüdischen Ordnungskräfte des Ghettos ein. Später, nach der zwangsweisen Auflösung des Judenrates im Juli 1942, wurde Gens die Hauptverantwortung im Ghetto übertragen.

Schon in der zweiten Woche nach der Besetzung Wilnas durch die Deutschen stattete Herbert Gotthard, ein Vertreter des Einsatzstabs Reichsleiter Rosenberg (ERR), der vom führenden NS-Ideologen und Leiter des Reichsministeriums für die besetzten Ostgebiete, Alfred Rosenberg, geführt wurde, der Stadt einen Besuch ab. Der ERR war eine der wichtigsten Einheiten, die für die Plünderung von Kulturgut in ganz Europa verantwortlich zeichneten. Nachdem sich Gotthard ein Bild von den jüdischen Kulturschätzen in Wilna gemacht hatte, ließ er drei Intellektuelle mit führenden Positionen in jüdischen Kulturinstitutionen verhaften: den Leiter des YIVO während der sowjetischen Herrschaft Noah Pryłucki, den Leiter des nach An-Ski benannten Ethnografischen Museums Abraham Goldschmidt und den Leiter der Strashun-Bibliothek Khaykl Lunski. Pryłucki und Goldschmidt wurden gezwungen, Listen alter Drucke, seltener Handschriften und Inkunabeln der Strashun-Sammlung anzufertigen. Gotthards Interesse an dieser Bibliothek kam nicht von ungefähr, galt sie doch als eine der wichtigsten Sammlungen jüdischer Provenienz in Europa.

Tatsächlich setzte die Plünderung des jüdischen Kulturgutes in Wilna jedoch nicht erst im August 1941 mit dem Eintreffen des ERR ein. Ein später verfasster Bericht deutet bereits in den ersten Wochen der Besetzung Wilnas auf Spannungen zwischen verschiedenen nationalsozialistischen Raubeinheiten. Überall hätten die Vertreter des ERR Plünderungen und Zerstörung vorgefunden, weshalb ihnen nichts anderes übrig geblieben sei, als das am Ort verbliebene Eigentum zu »evakuieren«. Zudem wurde festgehalten, dass die Strashun-Bibliothek sowie das YIVO durch deutsche »Behörden und Militärs« bereits geräumt und große Teile der Sammlung, darunter wertvolle Einzelstücke und das gesamte Zeitungsarchiv des YIVO, »entfernt« worden seien.[2]

Mit dem Hinweis auf »Behörden und Militärs« waren die Einheiten des Reichssicherheitshauptamtes (RSHA) unter der Führung von Heinrich Himmler gemeint. Es ist bekannt, dass die SS schon ab August 1941 für Sicherheitsangelegenheiten der Zivilverwaltung in Wilna zuständig war. Die Plünderungen beruhten manchmal auf der Zusammenarbeit zwischen dem RSHA und dem Einsatzstab, zunehmend gab es zwischen den beiden Institutionen aber Meinungsverschiedenheiten und Rivalitäten; und es kam zu erzwungenen Umverteilungen von Beute.

Gotthard erhielt die gewünschte Aufstellung von Kulturschätzen und kehrte mit ihr nach Deutschland zurück. Die Listen – deren Verfasser Pryłucki und Goldschmidt inzwischen von der Gestapo ermordet worden waren – überzeugten die Empfänger davon, dass Wilna ein besonders bedeutendes jüdisches Kulturzentrum war. Daraufhin wurde eine erweiterte Delegation des ERR in die Stadt geschickt, angeführt von Johannes Pohl, dem Bibliothekar des von Rosenberg gegründeten Instituts zur Erforschung der Judenfrage. Jenes in Frankfurt am Main angesiedelte Institut war der wesentliche Nutznießer der Raubzüge und baute eine gigantische Sammlung mit den erbeuteten (ost)europäischen Kulturgütern auf. Pohl, der unter anderem am Orientalischen Institut der Görres-Gesellschaft in Jerusalem studiert hatte, war ein fanatischer Ideologe. Er schrieb Artikel für den *Stürmer* und nahm an den meisten größeren Plünderungsaktionen in den NS-besetzten Gebieten teil. Als er im Februar 1942 nach Wilna kam, befahl er dem lokalen Judenrat, ihm Arbeiter, darunter auch Gelehrte, für Arbeitseinsätze zur Verfügung zu stellen. Angeführt wurde die auf diese Weise entstandene Papierbrigade von Zelig Kalmanovitch sowie dem Journalisten und Bibliothekar Herman Kruk. Dieser hatte bis zu seiner Flucht aus Warschau die dortige Grosser-Bibliothek geleitet und baute nun die Ghetto-Bibliothek in Wilna auf. Letztlich umfasste die Brigade vierzig jüdische Mitarbeiter, unter ihnen auch Lunski, der inzwischen aus der Gestapo-Haft entlassen worden war, und zwei herausragende junge jiddische Dichter: Abraham Sutzkever und Shmerke Kaczerginski.

Noch im selben Monat begann der ERR mit seinem systematischen Plünderungswerk. Bis Ende Februar 1942 wurden in der Bibliothek der Universität Wilna, die außerhalb des Ghettos lag, Zehntausende Bände aus der Strashun-Bibliothek, aus etwa 350 Synagogen in der gesamten Region sowie aus dem Lehrhaus des Gaons von Wilna, eines der größten jüdischen Schriftgelehrten des 18. Jahrhunderts, zusammengerafft. Die Angaben zur Größe der YIVO-Sammlungen zu diesem Zeitpunkt variieren zwischen 40 000 und 85 000 Bänden, teilweise wurden bereits Zugänge aus anderen Sammlungen in Wilna einbezogen. Mit der Erweiterung des Arbeitskommandos wurde die Arbeit auf das YIVO-Gebäude ausgedehnt, das ebenfalls außerhalb des Ghettos lag und bis zu jenem Zeitpunkt als Truppenunterkunft genutzt worden war. Neben den YIVO-eigenen Sammlungen wurden dort jüdische, polnische und russische Sammlungen aus Wilna, Kaunas und anderen Städten konzentriert. Im Aufgang des Gebäudes, wo zuvor die Weltkarte mit den YIVO-Zweigstellen angebracht gewesen war, hing nun ein Reichsadler mit Hakenkreuz, darüber der Schriftzug: »Deutschland wird leben und deshalb wird Deutschland siegen.«

»Die jüdischen Arbeiter, die mit dieser Aufgabe beschäftigt sind, weinen regelrecht. Der Anblick ist herzzerreißend«,[3] beklagte Herman Kruk in einem Tagebucheintrag sein Schicksal und das der anderen Mitglieder des Arbeitskommandos, die gezwungen wurden, im YIVO Bücher zu sortieren und für den Transport zu verpacken (Abb. 4). Sie waren dazu verurteilt, 70 Prozent der Bücher wegzuwerfen, und oft bestimmte das äußere Erscheinungsbild das Schicksal eines Buches. Die wertvollsten Werke wurden ins Reich verschickt, zumeist ans Frankfurter Institut zur Erforschung der Judenfrage. Kalmanovitch schilderte in seinem Tagebuch die Willkürherrschaft der Deutschen in Bezug auf Bücher und die Bemühungen des Judenrates, den Bücherraub aus dem Ghetto abzumildern:

»Montag, den 8. [Juni 1942]. Heute gab der Leiter [Johannes Pohl] bekannt, er habe Befehl von hoher Stelle, [...] sämtliche Bücher aus dem Ghetto zu entfernen, besonders Talmud- und Gebetbücher. Er setze dies jedoch einstweilen aus. Die Mitglieder des Judenrats mögen die Zuständigen für das Ghetto [die Deutschen] ersuchen, die Einfuhr doppelt vorhandener Bücher zuzulassen. [...] Gespräch

Abb. 4: Michael Kovner, Mitglied der Papierbrigade, sortiert als Zwangsarbeiter des ERR Schriften und Bücher des YIVO, 1943. © Yad Vashem Photo Archive, Jerusalem. 368.

beim Kommandanten und Sitzung im Rat [Judenrat] zur Büchermaßnahme. [...]

Freitag, den 12. [Juni 1942]. Die Büchermaßnahme ist nicht aufgehoben! Der Herr hat anders entschieden, obwohl ihm H. K. [Herman Kruk] die Erlaubnis, doppelt vorhandene Exemplare einzuführen, mitgeteilt hat. Es sei aber nicht nur verboten, Bücher hereinzuholen, die [von Kruk im Ghetto geleitete] Bibliothek sei illegal und müsse geräumt werden!«[4]

Das Arbeitskommando hatte den Auftrag, die Bibliothek der Gesellschaft für die Verbreitung der Aufklärung im russischen Judentum (Chewrat mefizej haskala be-kerew jehudej rusia) mit rund 45 000 Bänden, die den Grundstock der Ghetto-Bibliothek bildete, die Sammlungen des nach An-Ski benannten Ethnografischen Museums (Einwohnerverzeichnisse, jüdische Kunstgegenstände und Bücher) sowie die Kinderbibliothek der auf Jiddisch geführten Schulen des zentralen Kulturausschusses (rund 20 000 Bände) zu räumen. Die meisten Bücher wurden eingestampft, das Papier wiederverwendet oder als Brennmaterial für Heizungen genutzt. Eine Papierfabrik in Vilejka bei Wilna kaufte einen Teil davon zum Preis von 19 Reichsmark pro Tonne Papier auf. Der Transfer der übrigen Teile dieser Sammlungen fand in mehreren Transporten statt: am 25. Oktober 1942 (Archivdokumente), am 16. November 1942 (50 Kisten nicht näher bezeichneten Inhalts), am 13. Februar 1943 (9403 Bücher in 35 Kisten) und im Juni/Juli 1943 (rund 10 000 jiddisch- und hebräischsprachige Bände). Angesichts der über 90 000 Bände, die das YIVO später aus Offenbach zurückerhielt, erscheinen diese Zahlen zweifelhaft und es ist davon auszugehen, dass in weitaus größerem Umfang Bücher ins Deutsche Reich abtransportiert wurden.

Die Mitglieder der Papierbrigade – Kalmanovitch, Kruk, Sutzkever, Kaczerginski sowie die Vertreter der zionistischen Jugendbewegung Haschomer Hatzair, Rozka Korczak und Michael Kovner – setzten, indem sie Kulturschätze versteckten und ins Ghetto schmuggelten, von Anfang an ihr Leben aufs Spiel. Sutzkever, der sich bei dieser Tätigkeit besonders hervortat, schildert in seinen Aufzeichnungen, wie er Briefe und Handschriften von Tolstoi, Bialik und Scholem Alejchem, eine wertvolle Handschrift des Gaons von Wilna, ein Jugendtagebuch von Theodor Herzl und Zeichnungen von Marc Chagall ins Ghetto schmuggelte. Kaczerginski berichtet, wie die Schmuggler von Ghettobewohnern verspottet und kritisiert wurden:

»Wir haben nicht einmal bemerkt, in welcher Lebensgefahr wir uns befinden, und begannen alles von den Deutschen zu stehlen, was wir verstecken konnten. Die Juden hielten uns für verrückt. Juden hatten unter ihrer Kleidung, in den Stiefeln Lebensmittel aus der Stadt hineingeschmuggelt, wir schmuggelten Bücher, Papiere und manchmal auch eine Thorarolle, Mesusot, verschiedene religiöse Gegenstände und so weiter.«[5]

Die wertvollen Bücher erforderten geeignete Verstecke, etwa im zwanzig Meter tiefen, belüfteten Keller der Familie Abramowitsch, die dort auch ihre kranke Mutter versteckt hielt. Ins Ghetto geschmuggelte Bücher und Dokumente wurden so an zehn verschiedenen Orten, darunter die von Kruk geleitete Ghetto-Bibliothek, aufbewahrt. Einige seltene Stücke wurden nichtjüdischen Mitgliedern im Untergrund zur Aufbewahrung übergeben. Als die Vernichtungsquote für Bücher erhöht wurde, war allen Beteiligten klar, dass unmittelbar im YIVO-Gebäude ein Zwischenversteck gefunden werden musste. So wurden in den Arbeitspausen die Wächter abgelenkt und Bücher auf den Dachboden geschafft. Vom aufgetürmten Material konnten rund zehntausend Bücher und Zehntausende Dokumente etwa zur Hälfte im YIVO-Gebäude versteckt und zur anderen Hälfte ins Ghetto geschmuggelt werden. Dabei ging es aber nicht nur um Konservierung. Die Mitarbeiter der Papierbrigade sortierten auch Bücher aus, die ihnen für Organisationen und Institutionen im Ghetto nützlich erschienen. Schulen wurden heimlich mit Lehrbüchern beliefert; sowjetische Handbücher mit Anleitungen für die Herstellung von Sprengsätzen – teuer und im Ghetto eine Seltenheit – wurden Mitgliedern der Fareynikte Partizaner Organisatsye (FPO; Vereinigte Partisanenorganisation) übergeben, die sich im Ghetto gegen die deutschen Besatzer betätigten. Kalmanovitch und Kruk wussten nicht, dass Mitglieder der Papierbrigade – Sutzkever, Kaczerginski, Kovner, Korczak und andere – dem Untergrund angehörten. Diese brachten nicht nur sich selbst, sondern auch ihre Kollegen in Lebensgefahr, indem sie das YIVO-Gebäude als Zwischenlager für den Schmuggel von Waffen (sogar eines Maschinengewehrs) ins Ghetto nutzten.

Im September 1943 wurde das Ghetto Wilna liquidiert. Die meisten Angehörigen der Papierbrigade überlebten den Krieg nicht. Kalmanovitch und Kruk wurden in Lager in Estland deportiert und kamen dort um. Sutzkever, Kaczerginski, Michael Kovner und andere Mitglieder der FPO flüchteten in die Wälder und schlossen sich dem Untergrund an. Alle außer Kovner überlebten. Unterdessen war sogar Moskau auf Sutzkever aufmerksam geworden, nachdem eine aus dem Ghetto geschmuggelte Abschrift seines Gedichts *Kol Nidrei* (das Gebet, das zu Jom Kippur gesprochen wird) das dortige Jüdische Antifaschistische Komitee (JAK) erreicht hatte. Das JAK war 1941 auf Veranlassung der sowjetischen Regierung eingerichtet worden, um die dort lebenden Juden zu repräsentieren. Dabei wurde es vor allem für die weltweite Propagierung der Kriegsanstrengungen der Roten Armee und zur Akquise materieller Unterstützung aus dem Ausland eingesetzt. Dabei betätigten sich die Mitglieder sehr engagiert in der Dokumentation der deutschen Verbrechen. Als sie Sutzkever in Lebensgefahr wähnten, sorgten sie dafür, dass ein Militärflugzeug hinter die Feindeslinien geschickt wurde und ihn ausflog. Im April 1944 nahm Sutzkever an einem Kongress des JAK in Moskau teil, wo er über den Untergang des Wilnaer Judentums und den Beitrag der jüdischen Partisanen zum Kampf gegen die Nazis berichtete. In jener Zeit begann er, Material für einen Beitrag über das Ghetto Wilna im vom JAK vorbereiteten *Schwarzbuch* zusammenzutragen, das in der Sowjetunion in russischer und jiddischer Sprache erscheinen sollte. Hierbei handelte es sich um eine Initiative des Komitees, für die auch die sowjetisch-jüdischen Schriftsteller Ilja Ehrenburg und Wasilij Grossman Zeugenberichte und Dokumente über den Massenmord an den Juden durch die Deutschen auf sowjetischem Boden (einschließlich Wilna) und in den Vernichtungslagern im besetzten Polen sammelten. Es war eine der ersten umfassenden Dokumentationen der Naziverbrechen, die in der unmittelbaren Nachkriegszeit entstanden. Sein Erscheinen wurde jedoch schließlich von den sowjetischen Behörden untersagt. Eine gekürzte und veränderte Fassung (inklusive Berichten von Sutzkever) wurde 1946 in New York publiziert, das vollständige sowjetische Schwarzbuch aber erst nach dem Ende des Kalten Krieges.

Im Juli 1944 befreite die Rote Armee Wilna. Sutzkever, Kaczerginski und weitere junge jüdische Aktivisten, unter ihnen Aba Kovner, Mitglied des Haschomer Hatzair, Kommandant der FPO und Bruder Michael Kovners, kehrten an ihre alte Wirkungsstätte zurück. Sie wollten die versteckten Kulturschätze und Kruks Ghetto-Archiv ausfindig machen, doch bot sich ihnen ein Bild der Zerstörung: Das YIVO-Gebäude war von Bomben getroffen worden und mitsamt dem versteckten Schatz völlig ausgebrannt. Die Bücher der Ghetto-Bibliothek teilten das gleiche Schicksal. Lediglich kleinere Verstecke waren erhalten geblieben, etwa in Sutzkevers Wohnhaus oder im Keller der Abramowitschs. Zudem konnten dreißig Tonnen Material im Abfall und zwanzig Tonnen Dokumente, die eingestampft werden sollten, geborgen werden.

Zwei Wochen nach der Befreiung Wilnas gründeten Sutzkever und Kaczerginski in ihrer Privatwohnung ein Museum für jüdische Kunst und Kultur, das bald zu einem Informations- und Treffpunkt für Überlebende wurde. Die beiden befragten manche von ihnen, baten sie, von ihren Erlebnissen zu berichten, und setzten eine historische Kommission ein, die den jüdischen historischen Kommissionen ähnelte, die direkt nach der Befreiung in verschiedenen europäischen Ländern von Überlebenden gegründet wurden, um Zeugenaussagen aufzunehmen und Beweismittel gegen die Täter zu sammeln. Das Museum wurde von den Behörden als zentrales jüdisches Institut der Stadt anerkannt und bald darauf wurden ihm einige Orte im ehemaligen Ghetto zugeteilt: das Gebäude der Ghetto-Bibliothek in der Strashun-Straße 6 (heute Žemaitijos gatvė 4) sowie das ehemalige Gefängnis, ein Bad und eine Sportanlage in der Nachbarschaft. Diese füllten sich in kurzer Zeit mit den erhalten gebliebenen Kulturgütern und so mussten auch die Innenhöfe zu Lagerzwecken benutzt werden. Sutzkever führte das Museum sechs Wochen lang und wurde, als er nach Moskau zurückkehrte, von Aba Kovner und Kaczerginski abgelöst.

Trotz der anfänglichen öffentlichen Anerkennung musste das Haus seine Tätigkeit bereits im Herbst 1944 auf behördliche Anweisung hin wieder einstellen. Die lokalen Behörden behinderten die Tätigkeit des Museums, bis sein Budget aufgebraucht war und die Schließung drohte. Es war nicht die einzige jüdische Einrichtung, die damals mit solchen Schwierigkeiten zu kämpfen hatte. Die auf staatlicher Seite zunehmenden antisemitischen Tendenzen in der Sowjetunion machten sich auch in Wilna bemerkbar. Veröffentlichungen in jiddischer Sprache wurden verboten, das jiddische Theater geschlossen und die einzige jüdische Schule in der Stadt musste mehrmals ihren Ort wechseln. Doch Kovner und Kaczerginski gaben nicht auf. Sie wandten sich an verschiedene Partei- und Verwaltungsstellen in Litauen, sie kontaktierten Moskau und Kaczerginski begab sich im März 1945 persönlich in die sowjetische Hauptstadt, um vor dem Jüdischen Antifaschistischen Komitee aufzutreten – in der Hoffnung, die unglückliche Wendung verhindern zu können. Doch seine Bemühungen bewirkten nichts, im Gegenteil. Die 30 Tonnen Dokumente aus dem Abfall wurden mit Ausnahme weniger Blätter, die er retten konnte, eingestampft. Obwohl er ein überzeugter Kommunist war, realisierte Kaczerginski, dass die sowjetische Politik den Fortbestand der Kulturschätze des jüdischen Wilna gefährdete und kam folglich zu dem Schluss, dass sie erneut keine andere Wahl hatten, als sich mit Schmuggel zu behelfen. Anfang August trat er von seinem Amt zurück, an seiner Stelle wurde sein enger Freund Yankl Gutkowicz zum Leiter des Museums ernannt. Mit großer Mühe gelang es im November 1944, das Museum als Einrichtung offiziell zu bestätigen und ihm damit zu einem rechtlichen Status zu verhelfen, wenn auch mit ungewisser Zukunft. In den Wochen danach brachte Kaczerginski verschiedene Exponate aus dem Museum in ein Versteck. Das nach Kriegsende geschlossene Repatriierungsabkommen zwischen der Sowjetunion und Polen, das jeder Person, die vor September 1939 geboren und Bürger der Zweiten Polnischen Republik gewesen war, das Recht auf Rückkehr nach Polen einräumte, bot eine einmalige Gelegenheit. Während die freie Ausreise aus der Sowjetunion nicht möglich war, nahmen viele Überlebende in Wilna das Recht wahr, als Repatrianten nach Polen zu emigrieren. Kaczerginski nutzte diese und gab einigen Ausreisenden Exponate aus dem Museum mit. Diese schmuggelten sie dann in ihrem Gepäck erfolgreich aus Wilna heraus.

Das war der Anfang einer weitreichenden Transfer- und Schmuggeloperation, die von Kaczerginski und Sutzkever, aber auch von Kovner und dem Haschomer Hatzair vorbereitet und durchgeführt wurde. Zahlreiche Schriftstücke, Bücher, Aufzeichnungen und Dokumente konnten so gerettet und nach Palästina, über Umwege auch nach Paris und weiter nach New York gebracht werden. Sutzkever involvierte amerikanische und kanadische Journalisten in Moskau in die Transfers und nutzte seine Aussage während des Nürnberger Prozesses – zu der er als einer von nur drei jüdischen Zeugen von der sowjetischen Anklagevertretung berufen worden war –, um dem amerikanischen Dolmetscher Benjamin Wald drei Briefe von Scholem Alejchem mit einer kurzen Notiz für Max Weinreich zu übergeben: »Ich habe diese Briefe im Ghetto am Körper getragen, durch das Feuer und durch Sümpfe, unter der Erde und in der Luft. [...] Bitte bewahren Sie sie zu Hause auf, bis ich sie bei Ihnen abholen komme.« Zurück in Wilna, setzte Sutzkever sich schließlich im Mai 1946 mithilfe der Organisation Bricha (hebr. »Flucht«), die die illegale jüdische Emigration aus Osteuropa vor allem in den Westen organisierte, mit vollen Koffern nach Lodz ab. Dort traf er erneut auf Kaczerginski. Unter dem zunehmenden Eindruck antisemitischer Übergriffe in Polen, die im Pogrom von Kielce kulminierten, dem 42 jüdische Holocaustüberlebende zum Opfer fielen, flohen beide weiter nach Paris. Immer wieder sandten sie Material über verschiedene Kanäle ins YIVO New York, Sutzkever selbst wartete auf die Möglichkeit der Übersiedlung in die Vereinigten Staaten.

Solange es keine Fortschritte in seiner Visumangelegenheit gab, erwog er, die mitgeführten Kulturschätze Vertretern der Hebräischen Universität zu übergeben. Doch seine unverändert der jiddischistischen Vision anhängenden Kollegen überzeugten ihn, dass die Dokumente in New York besser aufgehoben sein würden, und von Dezember 1946 bis März 1947 transferierte er 360 Dokumente an das YIVO, darunter das Tagebuch von Kalmanovitch und Schriften des Gaons von Wilna.

Zur selben Zeit tauchten Bestände des YIVO in der amerikanischen Besatzungszone auf, deren Rückerstattung Max Weinreich aus New York zu organisieren versuchte. Solange der Status dieses Materials nicht geklärt war, befürchtete Weinreich, das Bekanntwerden der Transfers über Kaczerginski und Sutzkever könnte zu sowjetischen Forderungen führen. Deshalb hielt er die Bestände unter Verschluss. Mit gutem Grund: Gutkowicz, der Leiter des Jüdischen Museums in Wilna, beklagte sich in Moskau und beim JAK: »Wir haben Grund zur Annahme, dass es einige Organisationen, besonders das YIVO in Amerika, auf dieses sowjetische Eigentum abgesehen haben. Wir bitten darum, sämtliche erforderlichen Maßnahmen zu treffen, um es den eigentlichen Eigentümern zurückzugeben.«[6] Weinreich war klar, dass die Dokumente, die im Ghetto entstanden waren, dem Jüdischen Museum in Wilna gehörten. Inzwischen bewahrheiteten sich auch die Befürchtungen von Sutzkever und Kaczerginski: Sie wurden von kommunistischen Stellen des Diebstahls beschuldigt. Erst im September 1947, nachdem die Sammlungen sicher im YIVO in New York eingetroffen waren, verkündete das YIVO-Organ *Yedies fun YIVO* (Nachrichten des YIVO), die drei Tagebücher (von Herzl, Kruk und Kalmanovitch) seien gerettet worden und hätten das YIVO erreicht, ohne Ausführungen darüber zu machen, wie sie nach New York gelangt waren.

Das Jüdische Museum in Wilna, eine der ersten Institutionen des Gedenkens an die Shoah, wurde 1948 vom KGB beschlagnahmt. Im Juni 1949 wurden seine Sammlungen in die Buchkammer der Litauischen Sozialistischen Sowjetrepublik überführt, wo sie vierzig Jahre unter Verschluss blieben. Erst 1988 wurde bekannt, dass der Leiter der Buchkammer, Antanas Ulpis, die Sammlungen bewacht, katalogisiert und damit für die Nachwelt bewahrt hatte. In den Jahren 1995/96 wurde mit der Digitalisierung der in Wilna verbliebenen Sammlungen begonnen; die Digitalisate wurden dem YIVO in New York zugänglich gemacht.

Ohne ausdrücklich dazu aufgefordert zu werden, schickten die Überlebenden aus Wilna wie selbstverständlich die geschmuggelten Kulturschätze an das YIVO in New York. Wie seine Kollegen, stand auch Sutzkever den Schlüsselfiguren des YIVO nahe und erachtete das Institut als geeignete Adresse für die Aufbewahrung der Dokumente, die er unter Einsatz seines Lebens aus Wilna herausgebracht hatte. Genauso vertraute er der Institutsleitung die Regelung privater Anliegen an, insbesondere die Unterstützung seiner Emigration. Unter den Kulturschätzen, die von Wilna ins YIVO in New York gelangten, befanden sich Exponate, die ursprünglich dem Institut gehörten, aber wohlgemerkt auch solche, die sich im Besitz anderer Einrichtungen Wilnas befunden hatten oder unter deutscher Besatzung im Ghetto entstanden waren. Die sporadischen Rettungs- und Schmuggelaktionen unmittelbar nach Kriegsende sind dabei eindeutig von den offiziellen Restitutionsbemühungen des YIVO bei den amerikanischen Besatzungs- und Militärbehörden zu unterscheiden, die sich um die Bestände in Offenbach und Prag drehten. Dabei formulierte Ansprüche des Instituts auf andere Sammlungen aus Wilna – etwa die Strashun-Bibliothek – fanden auf anderer Ebene statt und fügen sich nicht in die Logik der unmittelbaren Rettung durch die Mitglieder der Papierbrigade ein.

# Offenbach

### Max Weinreich

Die Verbindungen zwischen den Zweigstellen des YIVO wurden Ende 1940 unterbrochen, als sich der deutsche Machtbereich auf große Teile Europas ausdehnte, von Rumänien und polnischen Territorien (das sogenannte Generalgouvernement) im Osten bis nach Frankreich und in die Niederlande im Westen. Das YIVO in New York versuchte, Informationen über die Entwicklungen in Wilna und im östlichen Europa zusammenzutragen. Manchmal wurde die Information auf indirekten Kanälen und über den Untergrund beschafft. So trafen Ende 1941 in der Schweiz aus unbekannter Quelle erste Nachrichten über die deutsche Beschlagnahmung des YIVO-Eigentums in Wilna ein. Anfang 1942 erfuhr das YIVO in New York, dass im November 1941 Sammlungen aus Wilna an das Institut zur Erforschung der Judenfrage in Frankfurt am Main und an das Institut für Deutsche Ostarbeit in Krakau transferiert worden waren. Im weiteren Verlauf des Jahres trafen Berichte ein, die den Transport der YIVO-Sammlungen nach Frankfurt am Main bestätigten. Manche dieser Nachrichten wurden in den *Yedies fun YIVO* veröffentlicht. Das Institut wirkte zu diesem Zeitpunkt auch als Informationszentrum für die breite Öffentlichkeit. Die wissenschaftliche Zeitschrift *YIVO Bleter* (YIVO-Blätter) enthielt nicht nur Forschungsarbeiten und Analysen zu den Vorkommnissen in Europa, etwa zur Einrichtung von Ghettos oder zum Wesen der NS-Herrschaft, sondern diente zudem als Publikationsorgan für Nachrufe auf ermordete Mitglieder, Wissenschaftler und YIVO-Schüler.

Eine nicht wegzudenkende Informationsquelle des YIVO war Emanuel Ringelblum, einer der wichtigsten Mitarbeiter der Abteilung für Geschichte, der das Leben der Juden in Warschau unter der NS-Herrschaft bereits in der Frühzeit der deutschen Besatzung zu dokumentieren begonnen hatte. Nach der Errichtung des Warschauer Ghettos baute er dort ein Untergrundarchiv auf, das sich den Tarnnamen Oyneg Shabes (Freude am Sabbat) gab, und zur größten jüdischen Dokumentationsinitiative der Shoah entwickelte. Ringelblum ließ sich durch die dramatischen Entwicklungen in Polen nicht von seinem Lebenswerk abbringen: Mithilfe eines großen Kreises von Untergrundaktivisten, unter denen auch YIVO-Mitglieder waren, dokumentierte er den schrittweisen Zerfall und die Vernichtung kontinuierlich. Informationen, die nach den Forschungsprinzipien des YIVO zusammengetragen wurden, gelangten auf unterschiedlichen Wegen in den Westen: über Briefe, über den polnischen Untergrund, die Armia Krajowa (Polnische Heimatarmee) und die polnische Exilregierung in London oder mithilfe von Mitgliedern des Bunds, die im Untergrund lebten oder geflüchtet waren.

Einige Aufzeichnungen Ringelblums enthalten Nachrichten, die ihn aus Wilna und hier besonders vom YIVO erreicht hatten, und die er wiedergab. Manche dieser Nachrichten wurden ihm von Botinnen jüdischer Jugendbewegungen überbracht, die sich unter Lebensgefahr als Kurierinnen zwischen den Ghettos betätigten. Es ist davon auszugehen, dass Michael Kovner von der Papierbrigade seinen Bruder, Aba Kovner, Anführer der Jugendbewegungen und des Untergrundes im Wilnaer Ghetto, über die Geschehnisse im YIVO auf dem Laufenden hielt und Letzterer die Informationen den Kurierinnen weitergab. Zelig Kalmanovitch übermittelte verschlüsselte Informationen zum Geschehen im YIVO über einen Warschauer Freund, das Mitglied des Oyneg-Shabes-Archivs Yitzchak Gitterman. 1942 erkundigte sich Kalmanovitch über das Wohlergehen Weinreichs und anderer YIVO-Mitglieder. In einem Brief beschrieb er die Zwangsarbeit im YIVO:

»Ich und Herman [Kruk] haben euch ein wenig über unsere Wohnung im grünen Garten und auch in der Stadt geschrieben [Büchersortierzentren]. Jetzt habe ich das Privileg, jeden Tag dort zu sein. Es ist noch etwas übrig, aber es ist noch schwer abzuschätzen wieviel. Vielleicht die Hälfte, ein Drittel oder vielleicht auch mehr.«[1]

Ringelblum berichtete in insgesamt neun Briefen an seinen Weggefährten Raphael Mahler – dem es gelungen war, 1937 nach New York zu emigrieren – in ebenso codierter Form über die dramatischen Entwicklungen. Ende 1941 hieß es in einem von ihnen:

»Yavosh Yiwolski [d. i. das YIVO] ist kürzlich gestorben. Du hast ihn gekannt. Er hat kein Vermögen hinterlassen, aber im Krieg verlieren Menschen mehr als das. Du erinnerst dich daran, wieviel Arbeit er in sein Geschäft gesteckt hat. Geblieben ist nur das Gebäude, leer. Das Vermögen haben die Gläubiger mitgenommen. Wie ich dir schon gesagt habe, die Geschäfte von Olesch und Schurik [= Tod] blühen. [...] Unsere Freunde Sutzkever und Grada arbeiten normal. Ich habe Briefe von ihnen erhalten.«[2]

Die Rede von der vollständigen Liquidierung des YIVO war zum Zeitpunkt der Niederschrift des Briefes allerdings übertrieben. Am 1. März 1944, sechs Tage vor seiner Ermordung, schrieb Ringelblum erneut an Mahler, das YIVO und an weitere Freunde. Es wurde sein letztes Lebenszeichen. Darin stellte er fest, dass 95 Prozent des polnischen Judentums vernichtet seien, und machte Angaben zur Tätigkeit des Untergrundarchivs, wobei er auch das Arbeitskommando im YIVO erwähnte:

»In den Jahren 1941 und 1942 standen wir in Kontakt mit Z. Kalmanovitch in Wilna, der, von den Deutschen überwacht, die YIVO-Dokumente sortierte und einen bedeutenden Teil davon versteckte. Heute gibt es keine Juden mehr im Wilnaer Ghetto. Das große Zentrum der jüdischen Kultur und der modernen wissenschaftlichen Arbeit ist komplett zerstört.«[3]

Der Bericht wurde im November desselben Jahres in *Yedies fun YIVO* in voller Länge veröffentlicht und von einem Nachruf auf den Autor begleitet.

Neben dem Einsammeln von Informationen und der Verbreitung bitterer Nachrichten war das YIVO in New York noch auf einer weiteren Ebene tätig. Weinreich verlor keine Zeit und unterrichtete bereits Mitte 1942 das State Department über die Verschleppung der geplünderten YIVO-Sammlungen nach Frankfurt am Main. In einem Schreiben skizzierte er die Grundlage für den Kampf des YIVO um sein Eigentum, auf die er in den folgenden Jahren aufbauen sollte:

»Die amerikanische Zweigstelle [...] wurde 1925 gegründet [...] und unterstützte die Arbeit der Zentrale in Wilna. Zahlreiche amerikanische Freunde und auch Institutionen [...] haben den Unterhalt des Instituts unterstützt, amerikanische Wissenschaftler haben sich an seinen Veröffentlichungen beteiligt [...]. Im Sommer 1940 wurde [dem YIVO] ein neues angemessenes Budget vom Staat New York gewährt. Im Verlauf der Jahre haben Tausende amerikanische Bürger [...] zum Aufbau des Jüdischen Wissenschaftlichen Instituts beigetragen und es unterstützt.«[4]

Weinreich war offensichtlich darum bemüht, das YIVO als amerikanisches Institut darzustellen, das von Anfang an von Amerikanern mitgetragen wurde. Zwei Jahre später, im Frühjahr 1944, erschienen zwei Artikel in der *New York Times*, die Weinreich dazu veranlassten, erneut den Kontakt zu den amerikanischen Behörden zu suchen: Am 7. April berichtete die Zeitung von Beratungen in Palästina über die Zusammenstellung eines zentralen Gremiums, das die jüdischen Forderungen bei Friedensverhandlungen nach dem Krieg vertreten solle. Unter anderem wurde erwähnt, dass der Rektor der Hebräischen Universität in Jerusalem, Leo Aryeh Mayer, vorgeschlagen habe, die jüdischen Kulturgüter der untergegangenen Gemeinden in Europa, die sich in München befänden, darunter auch die Sammlungen der »berühmten Judaica-Bibliothek« des Jüdischen Wissenschaftlichen Instituts von Wilna, nach Jerusalem zu bringen. Eine Woche später wurden Sutzkevers Erlebnisse und sein Schmuggel von Kulturgütern aus dem Ghetto geschildert, darunter Briefe von Tolstoi und Scholem Alejchem, die er an seinem Körper versteckt nach Moskau gebracht haben soll. Es war das erste Lebenszeichen von Sutzkever. Der Artikel berichtete vom Untergang des Wilnaer Judentums und dem Mord an 77000 der etwa 80000 jüdischen Bewohner der Stadt – eine erschütternde Nachricht für die Mitarbeiter vom YIVO, die lange nichts aus Wilna gehört hatten.

Trotz geringer Erfolgsaussichten ersuchte Weinreich die amerikanischen Behörden im Mai 1944 um Erlaubnis, die Sowjetunion direkt um Informationen zur Lage in Wilna zu bitten. Nach der Befreiung Wilnas durch die Rote Armee am 13. Juli 1944 wiederholte er seinen Vorschlag, sich über das Jüdische Antifaschistische Komitee und eine weitere Organisation an die sowjetische Botschaft zu wenden. Diesmal wurde das Gesuch genehmigt. Die Nachrichten über die Katastrophe in Osteuropa, darunter auch solche, die sich direkt auf das YIVO bezogen, erreichten die Öffentlichkeit über die Medien. In den ersten Tagen nach der Befreiung der Stadt bat Weinreich das State Department, Informationen über den Verbleib der Bibliothek und Sammlungen des YIVO einzuholen, und forderte deren Rückgabe. Ihm wurde mitgeteilt, dass das Ministerium keine Nachforschungen in militärischen Zonen betreibe, ihn aber von Beschlüssen in Kenntnis setzen werde, die zur selben Zeit von den Vertretern der Alliierten in London in Bezug auf Restitution getroffen wurden.

Mit der Befreiung weiterer Gebiete in Europa stieg die Spannung zwischen den Alliierten. Auf der Konferenz von Jalta im Februar 1945 verständigten sie sich darauf, Deutschland in Besatzungszonen aufzuteilen. Am 10. und 11. April erschienen Berichte über die Entdeckung von Kulturschätzen in der Schlossanlage und Nebengebäuden im hessischen Hungen in der amerikanischen Besatzungszone. Erst wenige Tage zuvor hatte Weinreich in einem Schreiben an das State Department die Zerstörung deutlich gemacht, die das Institut zur Erforschung der Judenfrage in den wichtigen jüdischen Bibliotheken Europas angerichtet hatte:

»Jede dieser Sammlungen [...] stellte einen Schatz von unermesslichem Wert dar. Zusammengenommen bildeten sie ein unersetzliches einzigartiges Repositorium jüdischer Bücher und Dokumente, mit akribischer Sorgsamkeit und Hingabe über Generationen zusammengetragen, ein Zeugnis vieler Jahrhunderte jüdischen Lebens in Europa und auf der ganzen Welt.«

Im weiteren Verlauf äußerte Weinreich, was nach seiner Meinung mit dem erbenlosen jüdischen Kulturgut geschehen solle. Angesichts der Ereignisse in Deutschland und der Zukunft, die die Juden in jenem Land erwarte, rief er dazu auf, die Sammlungen unverzüglich der deutschen Obhut zu entziehen und in die Vereinigten Staaten zu überführen, wo sich die weitaus größte jüdische Gemeinschaft weltweit befinde und wo sie unter dem Schutz der demokratischen amerikanischen Institutionen allen Interessierten auf der ganzen Welt für Forschungszwecke und als Inspirationsquelle zugänglich seien.[5]

In dem Schreiben ist die genaue Adresse des Instituts zur Erforschung der Judenfrage (Bockenheimer Landstraße 68, Frankfurt am Main) vermerkt. Auf Bitten Weinreichs kam es am 7. Mai 1945 zu zwei Treffen in Washington, die er als sehr freundlich einstufte – eines mit der Abteilung für kulturelle

Zusammenarbeit (Division of Cultural Cooperation), das andere mit der Abteilung für Wirtschaftssicherheit des amerikanischen Handelsministeriums. Beiden wurde ein Dokument übergeben, eine Zusammenfassung der Geschichte des YIVO unter Hervorhebung der Rolle der Amerikaner. Bei dem ersten Treffen wurde außerdem ein Grundsatzpapier vorgelegt, verbunden mit der Forderung nach Sofortmaßnahmen für den Schutz der aufgefundenen Kulturgüter, nach Anerkennung der Rechte des YIVO New York an seinem Wilnaer Eigentum und nach Übertragung der Rechte auf erbenlosen jüdischen Kulturbesitz an eine amerikanische Person oder Institution zur treuhänderischen Verwaltung und wissenschaftlichen Nutzung bis zum Wiederaufbau des jüdischen Lebens in Deutschland. Bei dem zweiten Treffen wurde um Erlaubnis gebeten, einen Vertreter des YIVO nach Europa zu schicken. Zudem erging die Anweisung an die Zivilverwaltung der amerikanischen Besatzungszone, das Eigentum des YIVO ausfindig zu machen und am ehemaligen Sitz des Instituts zur Erforschung der Judenfrage eine Durchsuchung durchzuführen.

Am 5. Juni 1945 gab das United States Department of War die Auffindung der Sammlungen bekannt. Parallel dazu trafen Berichte von amerikanischen Militärangehörigen in Deutschland ein, die direkt oder indirekt mit dem YIVO verbunden waren. Als Erster berichtete der Militärrabbiner Abraham Aharoni über den Fund von 100 000 Bänden im Raum Frankfurt am Main, darunter Bücherbestände des YIVO. Ihm folgten die Berichte zweier amerikanischer Militärangehöriger, die später an den Restitutionsbemühungen des YIVO teilnehmen sollten: Militärrabbiner Chaplain Judah Nadich, Erster Berater von General Eisenhower für jüdische Angelegenheiten, und Zosa Szajkowski (Yehoshua Frydman), der als amerikanischer Militärdolmetscher in Deutschland diente und mit dem YIVO in Kontakt stand. Im Juli 1945 traf eine Botschaft von General Lucius D. Clay ein, dem damaligen stellvertretenden Oberbefehlshaber der amerikanischen Besatzungszone, wonach 100 000 Bände in den Kellerräumen des erwähnten Instituts in Frankfurt und rund 350 000 in Hungen aufgefunden worden seien. Unter jenen Bücherbeständen, so hieß es, befänden sich auch Sammlungen des YIVO. Die amerikanischen Militärbehörden seien angewiesen worden, alles in ihrer Macht Stehende zu tun, um die Restitution dieser Bestände zu beschleunigen. Es wurde deutlich gemacht, dass das YIVO hierzu nicht vor Ort vertreten sein müsse.

Weinreich erhöhte daraufhin den Druck auf das State Department. Er beklagte sich über die misslichen Aufbewahrungsbedingungen in Frankfurt, über die Vernachlässigung und Zerstörung von Sammlungsteilen und den Verkauf von Stücken auf dem Schwarzmarkt. Mitte August 1945 zeichnete sich noch eine weitere Bedrohung ab: Bei einem Treffen mit Theodor Gaster, dem Leiter der Hebraica-Abteilung der Library of Congress (LoC), erfuhr Weinreich, dass es Stellen im Militär gab, die beabsichtigten, möglichst große Teile der aufgefundenen Sammlungen nach Washington zu überführen. Schließlich zirkulierten Gerüchte, dass die geplante Organisation für Bildung, Wissenschaft und Kultur der Vereinten Nationen (UNESCO) Bücher zur Einrichtung einer (jüdischen) Gedenkbibliothek in Kopenhagen erhalten solle. Zur selben Zeit stellten andere jüdische Organisationen Ansprüche auf Bücher aus den geborgenen Beständen. All diese Vorstöße stellten eine Bedrohung für das YIVO dar, da es befürchten musste, dass die Sammlungen aus Wilna, die häufig weder Stempel noch Markierungen trugen und angesichts des knappen Budgets im Institut nicht katalogisiert worden waren, nicht als solche erkennbar wären und daher möglicherweise verschwinden würden.

Aufgrund der Besorgnis und Verzweiflung angesichts mangelnder Fortschritte in der Sache suchte Weinreich nach alternativen Lösungen. Er bat verschiedene jüdische Organisationen um Hilfe und wandte sich auch an Militärangehörige mit Verbindungen zum YIVO. Zuerst wurde Captain

Nadich gebeten, sich – vom YIVO finanziert – für die Restitution der Sammlungen einzusetzen. Ihm wurde Szajkowski zugeteilt, der unter der Voraussetzung, vom Armeedienst befreit zu werden, bereit war, sich in den Dienst des YIVO zu stellen. Auch der in Wilna geborene amerikanische Nachrichtendienstoffizier Colonel Saul Kagan, später Sekretär der Jewish Restitution Successor Organization (JRSO), bot dem YIVO seine Dienste an. Er empfahl die Entsendung eines gut vernetzten Vertreters mit einer amerikanischen Delegation nach Europa, um sich der Sache der Kulturgüter anzunehmen. In einem Brief an Weinreich schilderte er den Zustand der Sammlungen und sprach sich dafür aus, die Sache auch im Verkehr mit der jüdischen Gemeinschaft vertraulich zu behandeln, um keine Begehrlichkeiten bei den Sowjets zu wecken. Zudem schlug er vor, Akademiker in Schlüsselpositionen zu bitten, in Washington »Türen [zu] öffnen«. Kagan erfüllte für das YIVO mehr als nur die Funktion des Beraters. Bei einem Besuch in der Rothschild'schen Bibliothek in Frankfurt, wo die Amerikaner in der Region aufgefundene Bücherbestände zwischenlagerten, entdeckte er einen 20 000 Bände umfassenden Bestand des YIVO. Daraufhin erklärte er den Bibliotheksmitarbeitern, das Institut in Wilna habe eine Zweigstelle in New York, die nun daran arbeite, die Wilnaer Sammlungen nach Amerika zu bringen. Die Bibliothek des YIVO habe vor dem Krieg Privatsammlungen, Manuskripte und alte Handschriften umfasst, weswegen alles, was die Deutschen aus Wilna verschleppt hätten, dem YIVO gehöre.[6] Faktisch legte er damit neue Regeln für die Sortierung der Bücher fest, die sich entscheidend auf das Schicksal der YIVO-Sammlungen auswirken sollten.

## Koppel Shub Pinson

Die Rückführung der Kulturschätze in jüdische Hände erhielt im Februar 1949 durch die Anerkennung der Dachorganisation Jewish Cultural Reconstruction, Inc. (JCR) als Treuhänderin des in der amerikanischen Besatzungszone aufgetauchten erbenlosen jüdischen Kulturgutes erstmals einen offiziellen rechtlichen Rahmen.[7] Bereits ab Frühjahr 1944 war ihre Vorläuferorganisation, die Commission on European Jewish Cultural Reconstruction (Commission), eine wichtige New Yorker Stimme, die sich an der Diskussion um Fragen der Kulturrestitution aktiv beteiligte. Ihr gehörten mehrere führende Intellektuelle an, darunter der bekannte Historiker Salo W. Baron von der Columbia Universität, der die Kommission leitete, sowie die politische Theoretikerin und Publizistin Hannah Arendt. Auch Max Weinreich zählte zum Beirat der Commission und war mit ihren Vorhaben vertraut. Das erste Ziel der Commission bestand darin, eine Übersicht über das Raubgeschehen zu erstellen und die Amerikaner in Restitutionsfragen zu beraten. Nach ihrer Einsetzung als Treuhandorganisation widmete sie sich der Aufgabe, erbenlose Bücher und Ritualgegenstände jüdischer Provenienz auf angemessene Weise unter den jüdischen Gemeinden zu verteilen. Dabei ging es in erster Linie darum, die Aufhebung der alliierten Restitutionspolitik zu erreichen, die gemäß dem Beschluss der Pariser Reparationskonferenz von Ende 1945 eine Rückgabe aller nachweislich geraubten Kulturgüter nach dem Territorialprinzip an ihre Herkunftsländer vorsah. Solange das Territorialprinzip fortexistierte und die Ursprungsländer ihre Bücher beanspruchen konnten, blieb das erbenlose jüdische Kulturgut in Gefahr. Es drohte in die Hände jener Staaten zu fallen, deren jüdische Bevölkerung mehrheitlich vernichtet war. Um dies zu verhindern, bedurfte es neuer Gesetze. Das im September 1944 vom alliierten Kontrollrat erlassene Gesetz Nr. 52, das die Sperre und Kontrolle von Vermögen regelte, ermöglichte die Überwachung des Umgangs mit geborgenen Kulturgütern und die Verhinderung einer Zersplitterung von Sammlungen, bot aber keine Handhabe für die Entschädigung und die Restitution erbenlosen jüdischen Kulturgutes.

Im März 1946 öffnete die Monuments, Fine Arts, and Archives Section (MFA&A), die dem amerikanischen War Department unterstellt war und sich des Kulturgüterschutzes auf dem ehemaligen Kriegsschauplatz annahm, das Offenbach Archival Depot (OAD). Hier wurden Millionen von Bänden zwischengelagert, die in der amerikanischen Besatzungszone aufgefunden worden waren, darunter auch die Bestände aus Frankfurt und Hungen. Das Archivdepot in Offenbach verwahrte schließlich Bücher, die aus über 4 000 Bibliotheken und privaten Sammlungen in ganz Europa stammten, darunter auch viele, die als erbenloses jüdisches Kultureigentum kategorisiert wurden (Abb. 5 und 6). Die Commission entfaltete zu diesem Zeitpunkt ihre wichtige Rolle bei den Verhandlungen mit den amerikanischen Behörden. Erst im November 1947 unter dem Druck der jüdischen Organisationen erließen die amerikanischen Besatzungsbehörden (OMGUS) das Militärgesetz Nr. 59, das es gestattete, erbenloses Eigentum sogenannten Nachfolge- oder Treuhandorganisationen zu übergeben. Das Gesetz war die Grundlage dafür, dass nach Anerkennung der JCR im Jahr 1949 über eine halbe Million Bände aus der amerikanischen Zone in ihre Obhut übergeben wurde, um anschließend unter jüdischen Gemeinden und Institutionen weltweit verteilt zu werden: 40 Prozent gelangten nach Israel, 40 Prozent in die Vereinigten Staaten und der verbliebene Rest in andere jüdische Zentren. Bis zur Schließung des Offenbacher Archivdepots im Juni 1949 wurden über dreieinhalb Millionen Bände restituiert, der große Teil davon an westeuropäische Herkunftsländer zurückgeführt. Restbestände wurden in den größeren amerikanischen Central Collecting Point Wiesbaden übergeben und von dort aus bis August 1952 weiter restituiert.

Abb. 5: Im Offenbacher Archivdepot wurden die von den Nazis geraubten Bücher gesammelt, zwischengelagert und für die Rückgabe an jüdische Einrichtungen weltweit vorbereitet, 1946. © Yad Vashem Photo Archive, Jerusalem. 368.

Abb. 6: Koppel Shub Pinson (Bildmitte) wählt im Offenbacher Archivdepot Leihgaben für die Displaced Persons Camps aus, 1946. © Yad Vashem Photo Archive, Jerusalem. 368.

Der erste Vertreter des YIVO in Europa begann seine Mission, als er sich noch in einer anderen Funktion in Deutschland aufhielt: Im Sommer 1945 übernahm Koppel Shub Pinson, ein in Wilna geborener Historiker des in New York ansässigen Queens College und damals stellvertretender Leiter des akademischen Rates des YIVO, die Führung der Abteilung für Bildung und Kultur des American Joint Distribution Committee (Joint). Diese vor allem in Europa tätige Wohlfahrts- und Hilfsorganisation amerikanischer Juden betreute etwa 200 000 Überlebende, die sich in den DP-Camps in der amerikanischen Besatzungszone in Erwartung ihrer Emigration nach Übersee aufhielten. Bei seiner Arbeit kam Pinson mit dem Alltag der DPs in Berührung und wurde so auf die gewaltige Nachfrage nach Lese- und Lehrbüchern aufmerksam. Dies brachte ihn auf den Gedanken, dass die Ausleihe von Büchern aus den Raubbeständen eine praktische Lösung dieses Bedarfs der Überlebenden darstellen könnte. Da er sowohl Mitglied des YIVO als auch der Commission war, sich an den Diskussionen um den Erhalt des wenigen verbliebenen Kulturguts in Europa also aktiv beteiligt hatte, kam er hier in einen Loyalitätskonflikt zwischen den Bedürfnissen der DPs einerseits und der Verpflichtung zur dauerhaften Bewahrung der Schätze andererseits. Pinson weihte seine Kollegin Hannah Arendt in diesen Konflikt ein. Sie sprach sich gegen die Idee der Ausleihe aus, weil sie sich um den Erhalt der Bücher sorgte. Dennoch reichte Pinson im November 1945 ein Gesuch an General Clay ein und bat im Namen des Joint, 25 000 Bücher der Rothschild'schen Bibliothek ohne nennenswerten materiellen Wert zur Ausleihe freizugeben. Clay lehnte zuerst ab, willigte im Januar 1946 nach der Intervention seines damaligen Beraters für jüdische Angelegenheiten, US-Bundesrichter Simon Rifkind, schließlich doch ein. Nach einem Gespräch mit Pinson hatte Rifkind gegenüber Clay dargelegt, dass in Frankfurt und Offenbach Millionen von Büchern ungenutzt herumlägen, die von den DPs in den Lagern bitter benötigt würden, und deshalb geraten, Pinsons Vorschlag anzunehmen und solche Bücher, die keinen großen Wert hätten und deren Erben nicht identifizierbar seien, zur Ausleihe freizugeben. Gelehrte, unter ihnen auch Pinson selbst, sollten die Auswahl vornehmen und der Joint für die Rückgabe in Haftung treten.

Einige Monate zuvor, im Herbst 1945, waren die Sammlungen von der Rothschild'schen Bibliothek in das Archivdepot nach Offenbach verbracht worden. Bei der Suche nach einem geeigneten Leiter für das Depot empfahlen Pinson und Rifkind Colonel Sholom (Seymour) Jacob Pomrenze, vor dem Krieg Mitarbeiter der National Archives in Washington, D. C. Seine Erfahrung in der Militärverwaltung, seine Fachkenntnis und die Beherrschung der hebräischen, jiddischen und deutschen Sprache machten ihn zum idealen Kandidaten für diese Aufgabe. Wenige Tage vor dessen Öffnung im März 1946 übernahm er die Leitung des Depots. Innerhalb kurzer Zeit stellte er 176 Mitarbeiter ein, schuf eine geeignete Infrastruktur, führte effiziente Arbeitsmethoden ein und setzte sich dafür ein, Sammlungen aus der gesamten Besatzungszone, also auch jene aus der Tschechoslowakei, die 1946 nach Berlin geschickt wurden (es handelte sich um etwa 700 000 Bände), in Offenbach zusammenzutragen. So gelang es ihm, Offenbach als Hauptsammelstelle für geraubte Bücher zu etablieren. Kurz nach Amtsantritt wandte sich Pomrenze an Rifkind und Clay mit der Bitte, ein für alle Parteien akzeptables Grundsatzpapier zur Ausleihe von Gebetbüchern und religiösen Schriften sowie von Lese- und Lehrbüchern in Jiddisch und Hebräisch zu formulieren. Dabei war allen Beteiligten klar, dass die Bücherleihe vertraulich zu behandeln war, damit kein Präzedenzfall bei der Restitution entstehen konnte.

Nachdem sich der Joint zur Haftungsübernahme bereit erklärt hatte, wurde Pinson am 12. März 1946 als dessen Vertreter in Offenbach stationiert, um die Ausleihe in die Tat umzusetzen. Noch vorher, im November 1945, nach dem Besuch in der Rothschild'schen Bibliothek, hatte er Weinreich über die Sammlungen des YIVO, die er dort vorgefunden hatte, informiert und darum gebeten, Lehrbücher ohne materiellen Wert zur Ausleihe freigeben zu dürfen. Er versprach, »eine solche Erlaubnis mit größter Sorgfalt und größtem Respekt für die Ziele und Rechte des YIVO zu nutzen«.[8] Angesichts des großen Mangels an Büchern in jiddischer Sprache lenkte Weinreich ein, trotz grundsätzlicher Bedenken und obwohl ihm die Sache emotional Mühe bereitete. Er knüpfte seine Zustimmung allerdings an die Bedingung, dass die Bücher nicht aus den Augen gelassen würden. Dem fügte er hinzu: »Wir sind sehr daran interessiert, diesen Teil unserer Bibliothek hier zu haben. [...] Wir bitten Sie, den Transport auf unsere Kosten zu beschleunigen.«[9] Weinreich war sich offensichtlich bewusst, dass Pinson im Zuge der Auswahl von Büchern für die Ausleihe an den Joint zwangsläufig mit den YIVO-Sammlungen in Berührung kam. Für das YIVO ergab sich damit die einmalige Gelegenheit, einen gelehrten Vertreter, der sich mit Gewissheit für das Institut verwenden würde, in Offenbach zu platzieren. Weinreich war davon überzeugt, dass, schlösse Pinson sich Kagan an, die Chancen für die Restitution stiegen, doch Pinson stellte klar, dass der Umgang mit den Kulturgütern eine übergeordnete Strategie – im Sinne aller Beteiligten – erfordere. Einige Tage nach seiner Stationierung im Depot erhielt Pinson eine notarielle Generalvollmacht des YIVO als dessen offizieller Vertreter. Kurz darauf reichte er bei der MFA&A das Gesuch ein, die YIVO-Sammlungen – vom YIVO und vom Joint finanziert – nach New York transferieren zu dürfen.

Gleichzeitig forcierte Weinreich diesen Transfer von New York aus. Gestützt auf ein Rechtsgutachten ersuchte er den Generalstabschef der amerikanischen Streitkräfte, General Eisenhower, der Restitution der Sammlungen des YIVO Wilna an das YIVO New York zuzustimmen. Ein weiteres Gesuch erging an General John H. Hilldring, den Leiter der Abteilung für Zivilangelegenheiten im War Department. Zwei Monate später, im April 1946, erging die Mitteilung, dass die

Übergabe der YIVO-Sammlungen von Deutschland nach New York vom gültigen Territorialprinzip in der Restitutionspraxis abweichen würde und deshalb auf höchster Ebene in Washington weiterbehandelt werden müsse.

Es folgte eine Warteschleife, die Weinreich dazu nutzte, um weitere Akteure für seine Sache zu gewinnen. Er bat das American Jewish Committee (AJC) um Unterstützung, eine Organisation mit bedeutendem Einfluss in Washington, D. C. Im Mai 1946 stellte das AJC ein entsprechendes Gesuch an das War Department, nachdem sich zuvor sein stellvertretender Vorsitzender John Slawson ebenfalls an den Außenminister und an General Eisenhower gewandt hatte. Zudem unterstützte das AJC das YIVO bei der Einreichung von eidesstattlichen Erklärungen an das State Department. Weinreich war sich sicher, dass nur eine rasche Intervention, und zwar bei hohen amerikanischen Regierungsstellen, die Lage retten könne, und war deshalb bemüht, möglichst viele Kontakte nach Washington herzustellen und Schlüsselpersonen in sein Vorhaben einzuweihen. Unterstützt von Nadich und dem Vertreter des AJC, bat er ein prominentes Mitglied des National Jewish Welfare Board, Philip Schiff, sich für das YIVO zu verwenden, woraufhin es ihm gelang, bis zum Vizeaußenminister Dean Acheson vorzudringen. Das State Department hatte bereits Ende März 1946 das Verpacken der Bücher des YIVO autorisiert und für den 7. Mai ihren Versand in die Vereinigten Staaten geplant. Bevor die Anweisung zum Versand der YIVO-Sammlungen in die Vereinigten Staaten gegeben wurde, kam es zu einigen Entwicklungen, die diesem Beschluss den Boden bereiteten:

Erstens erfolgte in jenen Monaten eine wesentliche Änderung in der jüdische Kulturgüter betreffenden Restitutionspolitik, die auch die Anerkennung jüdischer Organisationen als Erben betraf. Die Commission veröffentlichte ein Memorandum, das ihren Status und ihre Funktion bei der Beratung der amerikanischen Regierung in der Frage des jüdischen Kulturbesitzes formulierte und die Notwendigkeit einer Abweichung vom gängigen Territorialprinzip in der Restitution von jüdischen Kulturgütern forderte. Im August wurde dem State Department eine überarbeitete Absichtserklärung eingereicht, wonach die Commission zusammen mit anderen jüdischen Organisationen die Vertretung des jüdischen Kollektivs wahrnehmen und der Regierung bei den Verhandlungen über das Schicksal des jüdischen Kultureigentums beratend zur Seite stehen wolle. Weinreich fürchtete, diese Anstrengungen könnten die Freigabe des YIVO-Besitzes verzögern.

Zweitens bestanden zwischen State Department und War Department Meinungsverschiedenheiten bezüglich des Status des YIVO. Für das State Department war der Transfer der betreffenden Sammlungen nach Amerika eine technische Angelegenheit, ein Sonderfall, den es möglichst zügig zu erledigen galt. Auch das War Department unterstützte die Restitution der YIVO-Sammlungen grundsätzlich, doch fürchtete es – besonders mit Blick auf die amerikanische Militärregierung – einseitige Abweichungen vom bestehenden Territorialprinzip. Es ging also im Wesentlichen darum, ob das YIVO als Sonderfall einzustufen sei oder die Restitution seines Eigentums gemäß der allgemeinen Restitutionspolitik für jüdische Kulturgüter erfolgen solle. Wenig überraschend unterstützte Weinreich die Haltung des State Department.

Drittens erhoben Polen und die Sowjetunion nach dem Territorialprinzip Anspruch auf das Eigentum des YIVO. Die Behörden in Moskau hatten nicht nur Kenntnis von den Sammlungen, die aus Wilna herausgeschmuggelt wurden, in jenen Monaten wurden in Offenbach auch 760 Kisten für den Versand in die Sowjetunion vorbereitet und für Juli 1946 war ein Besuch sowjetischer und polnischer Vertreter in Offenbach angekündigt. Die Anwesenheit eines YIVO-Vertreters hierbei schien unerlässlich, sowohl zur Beobachtung des Besuchs als auch zur weiteren Überwachung der Verpackung von Teilen der gerade aus Berlin eingetroffenen Zeitungssammlung des YIVO. Obgleich das YIVO diesbezüglich drängte, kehrte Pinson Anfang August nach Amerika zurück und hinterließ die Sammlungen unüberwacht.

Noch im Sommer 1946 beschloss die Militärregierung, das Eigentum des YIVO in die Vereinigten Staaten zu überführen. Clay wollte anfangs die Zustimmung des Alliierten Kontrollrates abwarten, entschied jedoch schließlich, auch ohne dessen Zustimmung den Beschluss umzusetzen. Das State Department zögerte angesichts der sowjetischen Forderungen noch, während Weinreich das Warten auf den Alliierten Kontrollrat für höchst riskant hielt. Er befürchtete, dieser könnte die sowjetischen Ansprüche legitimieren. Letztlich fiel im Rahmen der Formulierung der allgemeinen Restitutionspolitik die für das YIVO wichtigste Entscheidung: State Department und War Department kamen darin überein, dass es sich beim YIVO wohl um einen Ausnahmefall handle, der getrennt von der allgemeinen Restitutionspolitik zu behandeln sei. So wurde festgelegt, dass die Vereinigten Staaten die Bestände mithilfe einer repräsentativen, vom Staat als Treuhänder anerkannten kulturellen Organisation gegenüber den Alliierten beanspruchen würden. Das State Department vertrat also den Standpunkt, dass – anders als in den Fällen, für die später die JCR aufkommen sollte – hier ein gesetzlicher Erbe vorhanden sei. Weiterhin betrachtete es die – auch in Europa tätige – Library of Congress als würdige Vertreterin des Staates und in der Lage, die treuhänderische Übernahme abzuwickeln, da es sich beim YIVO-Eigentum in jeder Beziehung um amerikanisches Eigentum handle. Es wurde vereinbart, die Sammlungen Anfang 1947 nach Amerika zu schicken, wobei die genaue Vorgehensweise noch festzulegen war, was unausweichlich Zeit in Anspruch nahm.

## Shalom Seymour Pomrenze

Seymour Pomrenze, der erste Leiter des Archivdepots in Offenbach, war der jüngere Bruder des YIVO-Führungsmitglieds Chaim Pomrenze. Die nahe Verwandtschaft bot gute Voraussetzungen und Gelegenheiten, um das Anliegen des YIVO zu fördern. Eine solche Hoffnung äußerte zumindest Weinreich in einem Brief an Pomrenze unmittelbar nach der Öffnung des Archivdepots in Offenbach im März 1946. Anders als über die offiziellen Kanäle, die er geschaffen hatte, formulierte Weinreich hier sehr persönlich:

»Sie wissen bestimmt, dass ihr Bruder ein sehr naher Freund des YIVO ist [...]. Er hat uns Ihren Brief gezeigt, in dem Sie berichten, dass Sie von General Clay zum Leiter bestimmt worden sind [...] und wir freuen uns natürlich, dass wir mit Ihnen einen Freund des YIVO gefunden haben [...] ich bin überzeugt, dass Sie sich dieser Verpflichtung [dem YIVO zu helfen] nicht entziehen werden.«[10]

Ungeachtet dessen und obwohl Weinreich bemüht war, Pomrenze über die Entwicklungen im State Department auf dem Laufenden zu halten, schloss sich dieser erst nach seiner Rückkehr in die Vereinigten Staaten, und damit einige Monate nach seiner Ablösung als Leiter des Archivdepots, den Bemühungen des YIVO an.

Auf einer Sitzung der Commission im Juni 1946 in New York berichtete Pomrenze über seinen abgeschlossenen Dienst in Offenbach. Er stellte einen Restitutionsplan für die Sammlungen vor und bot sich an, die Commission bei den Verhandlungen mit dem State Department zu vertreten. Nach seinem Plan sollte die Organisation den Status des Treuhänders des jüdischen Volkes erlangen; parallel dazu müssten andere Kulturinstitutionen, etwa das YIVO und die Hebräische Universität Jerusalem, ihre Korrespondenzen auf anderen Kanälen einstellen. Generell seien individuelle

Initiativen privater Institutionen nicht im Sinne der Militärregierung, weshalb es auch zwecklos sei, deren Vertreter nach Deutschland zu schicken. Seiner Ansicht nach konnte zu jenem Zeitpunkt keine komplette Restitution gefordert werden, da es sich um einen derart komplexen Vorgang handle, dass niemand die Verantwortung dafür übernehmen oder eine Entscheidung treffen wolle. Er schlug deshalb als Alternative vor, dem State Department nur die »dringenden Forderungen, die sich regeln lassen«, vorzulegen und stattdessen sofort die nicht identifizierbaren Bücher aus Deutschland und die Sammlungen der jüdischen Gemeinden Deutschlands und Österreichs herauszuholen. »Sämtliche YIVO-Sammlungen sind sofort in die Vereinigten Staaten zu überführen«, fügte er hinzu.

Ende 1946 änderte Pomrenze seine Haltung. Er rückte faktisch von seinen vorherigen Äußerungen ab und verfolgte zusammen mit Weinreich einen unabhängigen Vorstoß des YIVO. Bis zu jenem Zeitpunkt hatten Pomrenze und seine Frau dem Institut in New York mehrere Besuche abgestattet. Während einem dieser Aufenthalte war er gebeten worden, einen Beitrag für die *YIVO Bleter* über seine Funktion in Offenbach zu schreiben, ohne jedoch dabei die YIVO-Bibliothek zu erwähnen, um »keine bösen Geister zu wecken«. Den Kontakt zum Institut hielt er von Washington aus aufrecht, wo er nun wieder für die National Archives arbeitete. Er versorgte Weinreich mit Nachrichten, die er in der Hauptstadt über die Stimmung und die Vorgänge in Offenbach aufschnappte, und betätigte sich als sein Berater. Aufgrund der schleppenden Verhandlungen und der Befürchtung, es könnten Restitutionen an die Sowjetunion erfolgen, nahmen das Misstrauen und die Spannungen zwischen dem YIVO und der Commission zu, sodass Weinreich zu der Einsicht gelangte, die Haltung der Organisation im Hinblick auf die allgemeine Restitutionspolitik verzögere bewusst die Freigabe der YIVO-Sammlungen:

»Jetzt zeigt sich, dass es ein Fehler war (hoffentlich kein fataler), die klare Angelegenheit des YIVO mit der zu großen allgemeinen und vernebelten Sache zu vermischen. Wie sollen wir jetzt weiter vorgehen? Geben Sie mir einen Rat. [...] Könnte ein Vertreter von uns vor Ort unsere Sachen herausbekommen und besteht die Hoffnung, dass ein Vertreter von uns die Erlaubnis erhält, dorthin zu fahren [...]?«[11]

Pomrenze bestätigte Weinreichs Eindruck, informierte ihn darüber, dass Clay einem »jüdischen Treuhandverwalter« erlauben würde, zwei Vertreter nach Deutschland zu schicken, und fügte hinzu: »Das YIVO allein kann in dieser verwirrenden Situation praktisch nichts erreichen. Das größte Hindernis ist das Restitutionsgesetz selbst [...]. Dieses Gesetz steckt wie ein Kloß im Hals.«[12] In Anbetracht dieser Situation beschloss Weinreich, selbstständig aktiv zu werden; Pomrenze unterstützte ihn in diesem Vorgehen.

In den folgenden Monaten planten die beiden Pomrenzes Mission als YIVO-Vertreter in Europa. Der Plan sah vor, Pomrenze in einer der Delegationen der Library of Congress in Deutschland unterzubringen. Dort sollte es seine Aufgabe sein, den Versand der YIVO-Bestände aus Offenbach bis zur Verschiffung in die Vereinigten Staaten zu überwachen, eine nicht ganz einfache Aufgabe, die mit erheblichem bürokratischen Aufwand verbunden war, da zusätzlich zur Genehmigung der Library of Congress und rechtlichen Dokumenten des YIVO auch die Freigabegenehmigungen des State Department und des War Department erforderlich waren. Am 24. Januar 1947 fand ein Treffen im State Department in seinem und dem Beisein des YIVO-Sekretärs Mark Uveeler statt, bei dem die von der Anwaltskanzlei Bernays formulierten eidesstattlichen Erklärungen des YIVO behandelt wurden. Am 22. Februar teilte Noel Hemmendinger, leitender Jurist im State Department, mit, dass die Library of Congress die Aktion genehmigt habe und das YIVO unterstützen werde.

Die Bibliothek genehmigte daraufhin die Aufnahme Pomrenzes in die Delegation und den Transfer der Sammlungen durch sie. Am 11. März teilte der stellvertretende Außenminister John Henry Hilldring mit, die Militärregierung in Deutschland habe entsprechende Anweisungen erhalten, nachdem diese vom Außen- und vom Kriegsministerium bestätigt worden seien.

Kurzum, die Änderung von Pomrenzes Haltung scheint sich durch den Ablauf der Ereignisse ergeben zu haben, beginnend bei der Gefahr, die den Sammlungen durch die sowjetischen Ansprüche drohte, über die Formulierung einer allgemeinen Restitutionspolitik sowie den Beschluss, dass die Library of Congress das YIVO vertreten solle, bis hin zu den Mitteln, die diese für die Rückführungsaktion zur Verfügung stellte. Pomrenze sah die Gelegenheit gekommen, die Sammlungen aus Europa herauszuholen, was jedoch eigenständiges Handeln des YIVO erforderte.

### Lucy Schildkret-Dawidowicz

Lucy Dawidowicz, geborene Schildkret, kam als Tochter polnisch-jüdischer Emigranten in New York zur Welt. In ihrer Studienzeit verspürte sie den Wunsch, das osteuropäische Judentum näher kennenzulernen und ihre Jiddischkenntnisse zu vertiefen. Auf Empfehlung ihres ehemaligen Lehrers an der Scholem Alejchem Mitlsuhl (Gymnasium), Jacob Shatzky, der zudem Mitglied des YIVO war, begab sie sich deshalb 1938 mit einem YIVO-Forschungsstipendium für einen Studienaufenthalt (Aspirantur) nach Wilna. Sie war unter den letzten ausländischen Personen, die das YIVO noch in seiner alten Form kennenlernen konnten. Dort begegnete sie erstmals Max Weinreich, der ihr Studienprojekt über die jiddische Presse betreuen sollte, und stand in engem Kontakt zu Zelig Kalmanovitch und seiner Familie. Fünf Tage vor Kriegsausbruch trat sie die Heimreise an. Nach der Rückkehr widmete sie sich wieder ihrem Studium und war ab 1943 als persönliche Assistentin Weinreichs im YIVO New York tätig. Ende 1945 bot Koppel Pinson Dawidowicz eine Stelle bei der Bildungsabteilung des Joint in München an. Dawidowicz, damals Masterstudentin an der Columbia University bei Salo W. Baron, nahm die herausfordernde Aufgabe an. Im Oktober 1946 kam sie nach München in der Absicht, etwa eineinhalb Jahre in Deutschland zu bleiben. Zwei Monate später erfuhr sie, dass es drei ihr bekannten Wilnaer YIVO-Angehörigen, den Dichtern Chaim Grade, Abraham Sutzkever und Shmerke Kaczerginski, gelungen war, sich nach Paris durchzuschlagen. Weinreich stand mit ihnen in Kontakt und hatte Dawidowicz informiert. Daraufhin reiste sie nach Frankreich, um die drei zu treffen. Im Januar 1947 kam es zu einer sehr emotionalen Begegnung zwischen ihnen im Pariser Büro des Joint, bei der die drei Dichter von der Rettung der Bücher durch die Papierbrigade und über die Schmuggelaktionen berichteten. Unmittelbar danach kehrte Dawidowicz in die amerikanische Besatzungszone in Deutschland zurück und wurde vom Joint in Offenbach stationiert, wo sie Pinsons frühere Aufgabe übernahm, geeignete Bücher für die in DP-Camps lebenden Jüdinnen und Juden zu finden.

Im Februar 1947 nahm Dawidowicz die Arbeit im OAD auf, das damals unter der Leitung von Josef Horne stand. Sie sollte zum einen weitere 5 000 Bücher für DPs auswählen und zum anderen prüfen, was mit den bereits verliehenen Beständen geschehen war. Dabei stellte sich heraus, dass Pinson keine genauen Aufzeichnungen zur Vergabe angefertigt hatte. In der Folge musste sich Dawidowicz vor der Militärregierung in Berlin dafür verantworten, dass Bücher aus der amerikanischen Zone hinausgeschafft worden waren. Der Verleih musste ausgesetzt und der Verbleib der betreffenden Bände rekonstruiert werden. Erst im Februar 1948 war die Sache so weit geklärt, dass die von Dawidowicz dafür vorgesehenen Bücher aus Offenbach an DP-Camps verteilt werden konnten.

Das Misstrauen der Militärregierung und die Beschränkungen, die dem Joint und dem Depot auferlegt wurden, hingen aber offenbar mit einem Skandal zusammen, der sich in Offenbach abgespielt hatte und in Verbindung stand mit dem Nachfolger von Seymour Pomrenze, Captain Isaac Bencowitz, einem in Russland geborenen promovierten Chemiker, der im April 1946 seine Amtszeit am OAD angetreten hatte. Der Vorfall betraf wertvolle Werke, die unter dem Vorwand der Bücherausleihe und unter missbräuchlicher Verwendung der Unterschrift Pinsons – der bereits nach Amerika zurückgekehrt war – aus dem Archivdepot herausgeschmuggelt worden waren. Mit Wissen von Bencowitz und auf Initiative Gershom Scholems, der sich im Auftrag der Hebräischen Universität in Offenbach befand, gelangten die fünf Kisten mit Rara und Inkunabeln schließlich nach Palästina. Dawidowicz traf im Archivdepot ein, als die Militärregierung den Zugang zu den Büchern gesperrt hatte und die Nachforschungen in vollem Gange waren.

Die Bücherausleihe des Joint wurde auf verschiedenen Ebenen scharf kritisiert. Pinson soll bereits vor General Clays Zustimmung auf eigene Faust Bücher aus der Rothschild'schen Bibliothek verliehen haben. Zusätzlich hätten seine Listen Ungenauigkeiten bei der Bezeichnung der Lager aufgewiesen und Bücher beinhaltet, die mit Kennzeichnung eines Eigentümers versehen waren und gar nicht hätten ausgeliehen werden dürfen. Mitte Februar äußerte Dawidowicz im Verlauf der Nachforschungen im Archivdepot in einem Bericht an Max Weinreich folgenden Verdacht:

»Es wurde mir gesagt, dass Pinson von den 20 000 [Büchern, die für die Ausleihe an den Joint bestimmt waren] dem YIVO in New York Bücher geschickt hat. Wie auch immer, abgesehen vom fehlenden Teil, der dem OMGUS bekannt ist, besteht meiner Meinung nach kein Zweifel, dass große Teile von den 20 000 [Büchern] nie in den Camps ankamen. Zu viel ist auf dem Weg verschwunden, als dass es sich um Zufall handeln könnte. Es zirkulieren hartnäckige Gerüchte darüber, dass Pinson eine Privatsammlung angelegt hat. Wenn das YIVO über ihn nie etwas erhalten hat, dürfte das zweifellos der Fall gewesen sein.«[13]

Dieser Verdacht wirft Fragen auf, findet der Fall doch bei Weinreich keine weitere Erwähnung. Im Gegenteil, der gute Kontakt zwischen Weinreich und Pinson schien fortzubestehen. So bedankte sich Weinreich etwa persönlich bei Pinson für die in New York eingetroffenen Bestände und Pinson setzte seine Aktivitäten und Forschungen im Rahmen des YIVO fort. Sofern Pinson Bücher nach New York geschickt hat, ist davon auszugehen, dass dies mit Weinreichs Kenntnis geschah – nicht nur weil Pinson Mitglied des YIVO und dessen Gesandter in Offenbach war, sondern vor allem weil der Plan bestand, sich zuerst der YIVO-Bestände anzunehmen und sie im Schutz der Bücherausleihe an den Joint zu verpacken und nach New York zu schicken. Nicht auszuschließen ist, dass die beiden aufgrund der verzögerten Freigabe der Sammlungen versuchten, vorab zumindest einige wertvolle Exemplare zu transferieren. Wenn das zutraf, war das YIVO wohl gezwungen, diese Tätigkeit zu verschleiern, genau wie es zuvor Sutzkever und Kaczerginski taten. Doch das ist nur eine Vermutung.

»Bei der Überprüfung der als nicht identifizierbar eingestuften Bücher stellte ich fest, dass ich einige doch identifizieren konnte – sie gehörtem dem YIVO. Es war ein Gefühl der Erhebung. Ich schrieb nach Hause, dass ich in dem Augenblick, als ich auf diese Bücher stieß, ›so etwas wie eine Heiligkeit spürte, dass ich etwas Heiliges berührte‹. Ich berichtete Horne von meiner Entdeckung mit einem Anflug des Triumphs. An jedem weiteren Tag entdeckte ich weitere Bücher, die dem YIVO gehörten.«[14]

So schilderte Dawidowicz das Hochgefühl, das sie wenige Tage nach Arbeitsantritt im Depot empfand. Ihre Loyalität gegenüber dem YIVO und ihr als persönliche Assistentin Weinreichs erlangtes Wissen um die Restitutionsbemühungen veranlassten sie, die Bücher zu sammeln und Weinreich zu berichten:

> »Ich bin überzeugt, dass ein erheblicher Teil der ›nicht identifizierbaren‹ Bücher, von denen wir die Auswahl treffen, dem YIVO gehört [...] sehr viele Bücher sind mit ›Zalman Reisen‹ beschriftet [...]. Ich fand auch einige mit Ihrem Namen oder mit Ihrer Handschrift [...]. *Sobald alle diese Bücher von Offenbach abgezogen sind, werde ich sie Ihnen schicken.* Es gibt auch ein paar frühe jiddische und hebräische Texte, die mir ziemlich interessant erscheinen. Wo immer ich Bücher definitiv dem YIVO zuordnen kann, werde ich es tun, und diese werden dann beiseitegelegt.«[15]

Dawidowicz fühlte sich dem YIVO offenbar so verpflichtet, dass sie vorschlug, wertvolle Bücher nach New York zu schmuggeln. Trotz ihrer Funktion als Delegierte des Joint besaß das Engagement für das Institut für sie oberste Priorität: »Ich habe den merkwürdigsten aller Jobs. Manchmal denke ich mir, ich bin verrückt, dass ich ihn angenommen habe, aber ich denke, es war eine einmalige Chance – für das YIVO, nicht für mich.«[16] Weinreich sah in ihr eine Fürsprecherin und Vertreterin des YIVO. Er forderte sie auf, die Angelegenheit gegenüber dem Joint vertraulich zu behandeln und sich mit den anderen im Institut abzustimmen. Jedoch vermied er es, ihr eine offizielle Vollmacht zu erteilen, wie sie Pinson und Pomrenze erhalten hatten. Erst Mitte Februar 1946 weihte er sie über die Details der Verhandlungen ein; über die Entwicklungen in Washington hatte sie nicht Bescheid gewusst. Dawidowicz schlug daraufhin vor, Weinreich als Delegierten des YIVO nach Offenbach zu schicken mit der Begründung, er könne im Archivdepot wertvolle Dienste leisten angesichts des Mangels an Mitarbeitern, die des Hebräischen und Jiddischen mächtig seien. Die beiden hofften, dass der Joint Weinreichs Mission und den Transport der Kisten nach New York finanzieren würde, doch wurde der Plan schlussendlich nicht umgesetzt. Auch ihre Anregung, die Aktion in Eigenregie oder mithilfe Weinreichs durchzuführen, wurde abgelehnt.

Ende 1947 gestattete der Joint Dawidowicz zunächst mündlich, für das YIVO zu arbeiten. Die benötigte schriftliche Ernennung erhielt sie erst nach langwierigen Überzeugungsversuchen gegenüber der Leitung des Joint in Paris und München. Zwischenzeitlich hatte sie mit Rücktritt gedroht und ihr war vorgeworfen worden, ihre direkten Vorgesetzten zu umgehen und den Rücktritt zu wählen, nachdem Gelder für ihre Reisen und ihre Kleidung verwendet worden seien. Doch Dawidowicz beharrte auf ihrer Position: »Ich bin sehr hartnäckig, wenn ich glaube, dass es um etwas Wichtiges geht. Ich halte nicht viel für wichtig, dieses aber schon [...], selbst wenn ich dann nur von Zigaretten leben müsste«,[17] erklärte sie ihrer Arbeitskollegin. Schließlich wurde ihre YIVO-Mission – nur einen Monat vor der Versendung der Bücher und über zwei Monate, nachdem sie mit dem Aussortieren von Büchern begonnen hatte – im Umfang einer halben Stelle genehmigt.

Nach dem 11. März 1947, dem Tag, an dem das State Department die Versendung der YIVO-Sammlungen durch die Library of Congress Mission (LCM) nach Amerika anordnete, blieb im Archivdepot noch eine letzte Aufgabe, für die sich Dawidowicz freiwillig zur Verfügung stellte: die Sortierung der Bücher und das Verpacken der Bestände für das YIVO. Sie ordnete die Bücher in drei Stapeln: YIVO, Strashun und andere Bestände. Bücher, die sie nicht identifizieren konnte, unterteilte sie in sechs Gruppen: Hebräisch, Jiddisch, religiöse Gebrauchsliteratur, andere Sprachen, antike Bücher und Inkunabeln. Die Sortierungsarbeit beschrieb sie als ermüdend und langwierig, der Anblick von Dokumenten und

Bildern aus Wilna sei erschütternd gewesen: »Ich sah, dass Wilna zu Papierschnipseln und auf Erinnerungsfragmente reduziert worden war. Ich wusste, was ich vor dem Vergessen bewahrt habe, war alles, was aus den Ruinen Wilnas gerettet werden konnte.«[18]

Angesichts des zu erwartenden Beschlusses, die erbenlosen Bücher der JCR zu übergeben, trug Weinreich Dawidowicz auf, sicherzustellen, dass möglichst wenige Bücher des YIVO als »nicht identifizierbar« eingestuft würden. Und er ging sogar weiter. Weinreich versuchte, so viele Sammlungen wie möglich aus Wilna – unabhängig davon, ob sie vor dem Krieg dem YIVO gehört hatten oder nicht – nach New York zu bringen. Ein kurzer Blick auf sein Vorgehen zeigt, wie das Institut diesen Kampf um die Wilnaer Sammlungen führte. Unter den in der Tentative List der Commission als YIVO-Besitz gekennzeichneten Sammlungen befanden sich die Archivbestände Simon Dubnows und die Bibliothek der Wilnaer Rabbinerschule. Diese Liste zirkulierte zwischen amerikanischen Regierungsvertretern und wurde zur Unterstützung des Restitutionsprozesses mit dem Ziel, jüdische Sammlungen ausfindig zu machen, 1946 in der Zeitschrift *Jewish Social Studies* publiziert. Die unter der Federführung Hannah Arendts und mithilfe vieler jüdischer Intellektueller erstellte Liste umfasste eine Aufstellung der größten und wichtigsten jüdischen Bibliotheken und Kultureinrichtungen Europas vor dem Krieg und wurde stetig aktualisiert. Jede Sammlung, die in dieser Liste als YIVO-Besitz ausgezeichnet war, verlieh dem YIVO hinsichtlich der erwünschten Übernahme Autorität. Nachdem Weinreich im Mai 1946 den Bericht des OAD mit dem Verzeichnis der nach Offenbach gelangten Bibliotheken empfangen hatte – darunter die Bestände Simon Dubnows und des Wilnaer Lehrerseminars – beeilte er sich, dem State Department Erklärungen von Mitarbeitern des YIVO und von Dubnows Tochter Sophia Erlich zu übergeben, die bestätigten, dass beide Sammlungen seit den 1920er Jahren dem YIVO gehört hatten. Weinreich nutzte außerdem die Gunst der Stunde, wandte sich an Isaac Bencowitz und bat diesen, neben die bereits dem YIVO zugerechneten Kisten auch die der Strashun-Bibliothek zu stellen. So wurden bis zum Ende von Bencowitz' Dienstzeit 76 000 Bände in 347 Kisten – inklusive der Strashun-Sammlung – als YIVO-Eigentum im OAD identifiziert.

Bei seinem ersten Treffen mit Bencowitz Anfang Februar 1947 erkannte Weinreich den gewaltigen Beitrag, den jener für das YIVO geleistet hatte. Unter Bencowitz' Leitung waren die Bücherkisten der Bibliotheken aus Wilna mit dem Etikett »YIVO and associated libraries« versehen worden, wodurch das YIVO die Frage nach rechtmäßigen Erben und Anspruchnehmern umgehen konnte. Bencowitz riet Weinreich zur Vorsicht bei Eingaben an Regierungsstellen und schlug vor, die geschätzte Zahl der YIVO-Bände wie im Bericht des Archivdepots vom Dezember 1946 mit 76 482 anzugeben, was dieser auch tat. Colonel Saul Kagans Äußerung kurz nach der Auffindung der Sammlungen, wonach »alles, was die Deutschen aus Wilna mitgenommen haben, vermutlich dem YIVO gehört«, wurde in der Amtszeit von Pomrenze und Bencowitz offenbar zur offiziellen Leitlinie des Depots.

In ihren Erinnerungen behauptet Lucy Dawidowicz, dass sie gegenüber dem YIVO angeregt habe, die Strashun-Sammlung zu beanspruchen. Doch wie hier gezeigt wurde, war dem nicht so. Vielmehr haben Verwaltungsabläufe im Depot dazu geführt, dass dem YIVO auch die anderen Sammlungen und Bibliotheken aus Wilna zugesprochen wurden. Dennoch hat Dawidowicz einen Beitrag zu diesem Vorgang geleistet: Informationen über die Verhandlungen, die das YIVO in Washington führte, gelangten auch zum Nachfolger von Bencowitz, Joseph Horne. Dieser teilte Dawidowicz in der zweiten Woche ihres Aufenthalts in Offenbach mit, dass die Sammlung in Kürze zur Rückführung freigegeben werde und dass gute Chancen bestünden, die Strashun-Bibliothek zu erhalten. Dawidowicz setzte Weinreich sofort darüber in Kenntnis, die Nachricht schlug »wie eine Bombe« im YIVO ein. Auf ihren Vorschlag hin, die Sache mit Vertretern der Militärregierung bei dem anstehenden Treffen zu besprechen, erhielt Dawidowicz von Weinreich ein Dokument zu den Beziehungen und Kooperationen zwischen der YIVO- und der Strashun-Bibliothek vor dem Krieg. Dawidowicz sprach mit Horne und schickte ihm entsprechende Memoranden. »Ich habe ihm auch einige reale oder fiktive Verbindungen zwischen Strashun und YIVO zu Bewusstsein geführt«,[19] erklärte sie Weinreich gegenüber. In jener Zeit forderte der offiziell am OAD akkreditierte Restitutionsoffizier aus Polen, der polnische Bestände identifizierte und zur Rückerstattung bestimmte, dass sämtliche in Polen erschienenen Werke, darunter auch die Sammlungen aus Wilna, an das Land zurückzugeben seien. Horne konsultierte Dawidowicz, die seine Haltung unterstützte, wonach eine große Diskrepanz zwischen der Vorkriegs- und der Nachkriegssituation bestünde: Es gab kaum mehr jüdische Gemeinden in Polen und die wenigen, die wieder entstanden, würden – so die einhellige Meinung – die Bücher ihrer Vorgänger nicht mehr benötigen. Weinreich war zufrieden mit dem Lauf der Dinge. Der Verpackungsmodus der Bücher im Depot, die Aktivitäten von Dawidowicz und ihr Verhältnis zu Horne deuteten darauf hin, dass keine besonderen Probleme bis zur Übernahme der Verantwortung für die Verschickung der YIVO-Sammlung durch Pomrenze zu erwarten waren.

Vor diesem Hintergrund wurden in Washington eidesstattliche Erklärungen übergeben und das YIVO rief sich zum Eigentümer der Strashun-Bibliothek aus, obwohl es für die frühere Zusammenarbeit zwischen beiden Einrichtungen kaum Anhaltspunkte in den Nachkriegserklärungen gab. Zudem beanspruchte das YIVO die Sammlungen des Wilnaer Lehrerseminars und der Ethnografischen Gesellschaft (das heißt: des An-Ski-Museums einschließlich der Bibliotheken von Moshe Shalit, Jakub Wygodzki und Abraham Goldschmidt) sowie Privatsammlungen von Gelehrten aus Wilna, die enge institutionelle und persönliche Verbindungen zum

Institut unterhalten haben sollen, für sich. Teile davon waren bereits in den 1930er Jahren in den Besitz des YIVO gelangt, darunter jene von Max Weinreich, Simon Dubnow, Zalman Reisen, Zelig Kalmanovitch, Pinchas Kon, Alfred Landau, Moshe Lerer, Shlomo Bastomski und Judah Leib Cahan.

Am 15. März 1947 berichtete Dawidowicz Weinreich, das OAD habe folgende telegrafische Anweisung erhalten: »Wie geplant fortfahren [...] Genehmigung [...] schon eingetroffen Stopp Pomrenze OK doch sofortiger Nachfolger Persona non grata hier Stopp Strashun [...] gesichert Stopp [...] Gratulationen scheinen nicht verfrüht.«[20] Pomrenzes Nachfolger Bencowitz schien also aufgrund seiner Rolle im Skandal um verschwundene Handschriften in Offenbach nicht mehr willkommen gewesen zu sein. Wenn erwogen worden war, ihn als Delegierten des YIVO nach Europa zu schicken, war das nun keine Option mehr.

Unmittelbar vor Beginn von Pomrenzes Mission traten Schwierigkeiten auf, besonders im Zusammenhang mit den Kosten der Kampagne und ihrer Finanzierung. Abgesehen von einem Gesuch an den Joint prüfte Weinreich vorsichtig Möglichkeiten der Mitfinanzierung durch die Library of Congress oder das amerikanische Militär. Für die Lagerung der Kisten in Amerika fand sich eine günstige Lösung dank der Verbindungen von Chaim Pomrenze zum Nahrungsmittelunternehmen Manischewitz, bei dem er eine leitende Funktion innehatte. Das YIVO erhielt die Möglichkeit, zwei Jahre lang Lagerräume in New Jersey zum Selbstkostenpreis zu nutzen. Weitere bürokratische Hürden waren die erneute Freistellung Pomrenzes von seiner Funktion in den National Archives, damit er sich einer Delegation der Library of Congress anschließen konnte, außerdem die Ausstellung von Einreisevisa nach Deutschland und in die Tschechoslowakei. Pomrenze gewann den Eindruck, dass »die Person, die ihre Zustimmung geben muss, damit ich in Deutschland einreisen kann, die ›Juden‹ der Library of Congress nicht mag und es nicht eilig hat, die Zustimmung zu erteilen.«[21]

Im Mai 1947 war es schließlich gelungen und Weinreich unterrichtete Dawidowicz darüber, dass Pomrenze im nächsten Monat mit einer Delegation der Library of Congress nach Offenbach komme. Generell bestand die Aufgabe der LCM darin, in der Zeit des Nationalsozialismus erschienene deutsche Publikationen für amerikanische Bibliotheken zu erwerben und nun im Rahmen des Wiederaufbaus die Zusammenarbeit mit deutschen Bibliotheken und Verlagen zu pflegen und zu erneuern. Bis zu jenem Zeitpunkt hatte Dawidowicz über 160 000 Bände in jiddischer und hebräischer Sprache sortiert und katalogisiert – etwa die Hälfte der ausstehenden Bücher, die nicht zugeordnet werden konnten. Es gelang ihr, 32 894 dieser Bücher zu identifizieren, 75 Prozent von diesen als Eigentum des YIVO und der Strashun-Bibliothek (bis Juni sortierte sie 20 000 weitere Bände). Pomrenze traf am Sonntag, dem 15. Juni 1947 in Offenbach ein, Dawidowicz war hoffnungsvoll. Er führte mit ihr und mit Horne längere Gespräche und erschien montags im Archivdepot, um der Verladung der Kisten persönlich beizuwohnen. Bis Dienstagnachmittag waren 420 Kisten mit 79 204 Bänden des YIVO in Eisenbahnwagen verladen. Horne und Pomrenze unterzeichneten einen Frachtvertrag über die Beförderung der YIVO-Kisten im Auftrag der Library of Congress. Am darauffolgenden Tag, dem 18. Juni begleitete Pomrenze die Bahnwagen von Offenbach nach Frankfurt, wo sie an einen vom amerikanischen Militär geschützten Nachtpostzug nach Bremen angehängt wurden. Wiederum einen Tag später überwachte er die Verladung der Kisten in Bremerhaven auf die S. S. Pioneer Cove der Reederei U. S Lines Co. und am Samstagmittag, dem 21. Juni, lief das Schiff in Richtung New York aus. Hiernach fand Pomrenze Zeit, mit Dawidowicz ein Glas Likör auf den Erfolg der Aktion zu erheben. Wenige Tage später schrieb ihr Weinreich:

»Wenn Sie – mit Recht – den Wunsch empfinden, auf das Ereignis anzustoßen, können Sie sich vorstellen, dass wir es am liebsten von den Dächern rufen würden. [...] Das ist ja nicht nur ein YIVO-Ereignis, sondern ein großer allgemeiner jüdischer symbolischer Akt [...]. Sie können sich glücklich schätzen, dass Sie (zuerst hier, dann dort) Anteil an der Schaffung dieses Symbols hatten.«[22]

Dawidowicz wurde von vielen Seiten gelobt, auch von der Monuments, Fine Arts, and Archives Section in Berlin, sowohl für das Sortieren und Katalogisieren als auch für ihren gezeigten Einsatz insgesamt (Abb. 7). Horne bot ihr an, weiter im Archivdepot zu arbeiten, da sie als eine von wenigen Zugang zu den Büchern hatte und fast die Einzige dort war, die das Hebräische und das Jiddische beherrschte. Dawidowicz bat Weinreich, weiterhin für das YIVO im Archivdepot arbeiten zu dürfen, doch dieser hielt ihre dortige Mission für beendet. Vor ihrer Abreise schlug sie Horne vor, dass sich die JCR-Vertreter, die in Offenbach erwartet wurden, um die restlichen Bände kümmern sollten.

Damit war die Restitution der YIVO-Sammlungen aus Offenbach aber noch nicht abgeschlossen. Durch weitere Übergaben vonseiten der JCR dauerte sie bis 1952 fort. Ein Bericht vom 8. Mai 1949 erwähnt sechs Kisten, die das YIVO erhalten hatte, ein anderer für den Zeitraum von Juli 1949 bis Januar 1952 die Übergabe von 11 681 weiteren Büchern und Dokumenten, darunter 64 seltene Bände.

Von sich aus unternahm das YIVO keinerlei Anstrengungen, berechtigte Eigentümer der Wilnaer Sammlungen ausfindig zu machen, und doch meldeten sich diese. Im Oktober 1958 traf das YIVO schließlich eine Vereinbarung mit Tzvi Harkavy, einem Großneffen von Mattitjahu Strashun, dem Gründer der Strashun-Bibliothek, der als Erbe anerkannt worden war. Innerhalb eines Jahres wurden etwa 500 Bände nach Jerusalem überführt und laut dem Abkommen der von Harkavy geleiteten zentralen Bibliothek für religiöse Schriften Hechal Shlomo als Schenkung übergeben unter der Bedingung, dass er auf seine Rechte als Erbe verzichte.

Abb. 7: Die Führungsriege des YIVO in den angemieteten Lagerräumen in New Jersey nach der erfolgreichen Überführung von Sammlungsteilen aus dem Offenbacher Archivdepot, 1947. © American Jewish Historical Society.

Obwohl das YIVO einen Kompromiss eingehen musste und die doppelten Exemplare religiöser Literatur aus der Strashun-Bibliothek herausgab, achtete das Institut darauf, keinen Präzedenzfall zu schaffen, und es gelang ihm tatsächlich, den Umfang der Ansprüche in Grenzen zu halten – der größte Teil der Strashun-Bibliothek blieb beim YIVO, Ansprüche darauf konnten nicht mehr geltend gemacht werden.

Im März 1951, und damit erst dreieinhalb Jahre nachdem das Schiff aus Deutschland in New York angekommen war, titelte *Yedies fun YIVO:* »YIVO Library Is Back Home«. Bis zur Veröffentlichung dieser Nachricht hatte das YIVO die Aktion geheim gehalten. Erst jetzt wurden Einzelheiten der Geschichte genannt. Der Artikel schloss mit einer Erklärung und Dankesworten:

»Nach der gebührenden Sortierung und Katalogisierung wird dieser einzigartige Kulturschatz nun der jüdischen Gemeinschaft in Amerika zur Verfügung stehen. Dass er das jüdische Kulturleben generell und die Judaistik im Besondern unermesslich bereichern wird, ist deutlich am regen Interesse zu erkennen, das die Sammlung bei einigen jüdischen Organisationen und Wissenschaftlern geweckt hat. Das YIVO möchte sich bei dieser Gelegenheit bei seinen zahlreichen Freunden und zugeneigten Organisationen, besonders dem State Department, für ihre Unterstützung bei der Restitution der Wilnaer Sammlungen bedanken.«[23]

Neben den neuen Restitutionsgesetzen in der amerikanischen Besatzungszone und glücklichen Umständen, so stand es geschrieben, hätten zahlreiche Personen zum Erfolg der »Operation Offenbach« beigetragen. Namen wurden zwar keine genannt, und doch wissen wir, dass es sich um Personen in Schlüsselpositionen in Washington handelte, die sich für jüdische Interessen einschließlich derer des YIVO einsetzten. Darunter waren der jüdische Jurist Noel Hemmendinger vom State Department und General John Hilldring vom War Department, ab 1946 Assistant Secretary of State for Occupied Areas. Die unterstützende Haltung von General Lucius Clay, besonders der Beschluss, die Restitution der YIVO-Sammlung zu beschleunigen und die Restitutionsfrage mit einer jüdischen Treuhandorganisation zu lösen, trug das Ihre zu den Entwicklungen 1946 bei. Obwohl dem Militärgouverneur General Joseph T. McNarney unterstellt wird, er habe in der Restitutionsangelegenheit recht farblos agiert, war er es gewesen, der das Restitutionsverfahren stark mitgeprägt hatte – auch im Fall des YIVO.

Dennoch ist dessen großer Erfolg vor allem Max Weinreich zu verdanken, der den Kampf mit Engagement und dem richtigen Gespür für die Lage angeführt hätte. Weinreich hatte keine Zeit bei der Suche nach den verschleppten

Beständen verloren. Bereits 1942, als ihm klar geworden war, dass die Nachrichten über den Transport der Sammlungen ins Deutsche Reich zutrafen, hatte er versucht, sie zu lokalisieren. Solange er Informationen über das Geschehen in Europa erhielt, blieb er mit den amerikanischen Behörden in Kontakt. Zwischen Sommer 1942 und Frühjahr 1944, als Europa im Krieg versank, brach der Kontakt mit den staatlichen amerikanischen Institutionen ab. Je weiter die Alliierten bei der Befreiung Europas vorstießen, desto erschütterndere Nachrichten brachen über die freie Welt herein. Daraufhin erneuerte Weinreich seine Kontakte zu amerikanischen Regierungsstellen, besonders nachdem er ein Lebenszeichen von Sutzkever erhalten hatte und ihm durch in Deutschland stationierte jüdische Soldaten Informationen zugingen. In all den Jahren schreckte er nicht davor zurück, jede relevante Stelle um Hilfe für das ersehnte Ziel zu bitten – diverse Abteilungen und Dienststellen des amerikanischen Außen-, Kriegs- und Handelsministeriums, die Library of Congress, die Militärregierung sowie die Monuments, Fine Arts, and Archives Section. Direkt und indirekt versuchte er, Druck auf Persönlichkeiten in Schlüsselpositionen auszuüben, unter ihnen die Generäle Eisenhower und Clay, der Außenminister, dessen Stellvertreter und Assistenten sowie die Rechtsberater verschiedener Behörden.

Schon 1942 waren die Leitlinien der Restitutionsansprüche des YIVO festgelegt worden. Sie basierten auf zwei Annahmen, die das Territorialprinzip ergänzten: zuerst auf dem gesicherten Anspruch des YIVO New York auf das Wilnaer Eigentum, begründet damit, dass die Zweigstelle in New York 1925 zeitgleich mit der Zentrale in Wilna gegründet worden sei und schließlich deren Aufgaben übernommen habe. Auf diese Annahme stützte sich wiederum die zweite Begründung. Sie hob den amerikanischen Besitzanspruch auf das YIVO vor dem Hintergrund hervor, dass das Institut von Anfang an und bis zur Gegenwart von amerikanischen Staatsbürgern getragen worden sei – auch, als sich sein

Mittelpunkt noch in Wilna befand – und ebenso von öffentlichen amerikanischen Institutionen unterstützt worden sei. Beide Annahmen wurden von Regierungsvertretern in Washington akzeptiert. Auf dieser Grundlage konnte das YIVO in den ersten Jahren seines Kampfes gewisse Erfolge erzielen, solange seine Eingaben bei der amerikanischen Regierung, wenn auch nur beschränkt, Gehör fanden. Später wurde das Institut vom regulären Restitutionsprozess ausgenommen und erhielt Unterstützung, auch die Erlaubnis, gegenüber sowjetischen Stellen aktiv zu werden. Dass die sowjetische Besetzung der baltischen Staaten von amerikanischer Seite abgelehnt wurde, trug sicher zu dieser Entscheidung bei.

Die Gesuche an amerikanische Regierungsbeamte waren zwar von Rechtsgutachten und eidesstattlichen Erklärungen begleitet, doch war das YIVO nicht auf langwierige juristische Verfahren angewiesen. Dies war vermutlich der Haltung des State Department zu verdanken, das die Überführung der YIVO-Sammlungen in die Vereinigten Staaten als rein bürokratisch-technische Angelegenheit ansah, die es abzuschließen gelte. Das heißt, die Selbstdarstellung des YIVO als amerikanische Institution, die Anspruch auf ihr Eigentum hat, fand bei Regierungsstellen Zustimmung. Die Meinungsverschiedenheiten zwischen State Department und War Department betrafen Verfahrensaspekte im Zusammenhang mit der Integrierung des (Sonder)falles YIVO in die allgemeine Restitutionspolitik. Der erzielte Kompromiss, wonach die Library of Congress als staatliche Institution das YIVO-Eigentum beansprucht und deren Delegation sich um die Freigabe der YIVO-Sammlungen kümmert, löste das Problem auf pragmatische Weise. Vor allem verwies der Kompromiss auf den Sonderstatus des YIVO unter den jüdischen Organisationen als in jeder Hinsicht amerikanische Organisation. Das war ein gewaltiger Erfolg mit weitreichenden praktischen Konsequenzen für die Restitutionsbemühungen des YIVO, gelangte doch auch Eigentum von

Instituten ohne jede Verbindung zu Amerika, allen voran die Strashun-Bibliothek, nach New York. Dass die Wilnaer Sammlungen gewonnen werden konnten, war vor allem der Basisarbeit von Protagonisten wie Colonel Saul Kagan und Captain Isaac Bencowitz zu verdanken, die solche Bestände als YIVO-Eigentum kennzeichneten und damit bereits im Depot Tatsachen schufen, die im Nachhinein formalisiert wurden.

Trotz aller Anerkennung der Ansprüche des YIVO blieb die Furcht vor sowjetischen oder polnischen Ansprüchen bestehen, ersuchte doch etwa das Centralny Komitet Żydów w Polsce (Zentralkomitee der Juden in Polen) die polnische Regierung, sich über die Botschaft in Washington für die Rückführung von 260 im YIVO eingetroffenen Kisten nach Polen einzusetzen. Solchen Ansprüchen wurde durchaus auch stattgegeben. Im Rahmen der offiziellen Restitution wurden beispielsweise über 1000 Kisten aus Offenbach in die Sowjetunion gebracht. Sie enthielten Bücher aus 310 öffentlichen Bibliotheken und Universitäten sowie aus privaten Sammlungen, darunter aus jüdischen Zentren in Belarus und der Ukraine (Odessa, Minsk, Kiew und weitere Orte). Weinreich warnte früh vor der Gefahr der Rückerstattung von Kulturgütern an die Sowjetunion. Schon im März 1946 machte er die amerikanischen Behörden darauf aufmerksam, dass das YIVO-Eigentum bei einer solchen Restitution »mit an Sicherheit grenzender Wahrscheinlichkeit nicht wiederhergestellt und [die Sammlung] nicht zu ihrem rechtmäßigen Eigentümer zurückkehren würde. Der Verlust wäre gewaltig und nicht rückgängig zu machen, nicht nur für das YIVO, auch für die interessierten Juden [...] auf der ganzen Welt.«[24] Zwei Jahre zuvor, im September 1944, hatte er einen revolutionären Vorschlag zur Lösung der Restitutionsfrage gemacht, sollte das territoriale Argument vorgebracht werden: »Wir sind uns bewusst, dass im Zusammenhang mit Eigentum, das sich nun unter sowjetischer Herrschaft befindet, zahlreiche schwierige Fragen auftreten. Vielleicht wird es etwas später möglich sein, den Austausch von Unterlagen, Mikrofilmen und Fotokopien etc. zu diskutieren.«[25] Die Umsetzung dieses Vorschlags konnte erst nach dem Zusammenbruch der kommunistischen Systeme in Europa beginnen und dauert mit der Digitalisierung der in Wilna verbliebenen Bestände bis heute an.

# Prag

## Restitutionsbemühungen in der Tschechoslowakei

Anderthalb Jahre nach der Befreiung Europas wurden auch außerhalb der Grenzen des besetzten Deutschlands Bestände des YIVO aufgefunden. Zwar wurde, wie zuvor erwähnt, der größte Teil der Kulturgüter Wilnas, einschließlich der YIVO-Sammlungen, vom Einsatzstab Rosenberg geplündert und in das Institut zur Erforschung der Judenfrage nach Frankfurt gebracht. Doch die Zeitungssammlung des YIVO sowie bestimmte Bücher des Instituts und der Strashun-Bibliothek (einschließlich der Inkunabeln) fielen ihm nicht in die Hände. Diese waren von den »Behörden und dem Militär« bereits in den ersten Wochen nach der Besetzung Wilnas geraubt und in die Bibliothek des Reichssicherheitshauptamtes (RSHA) nach Berlin verschleppt worden. Im Sommer 1943 wurden Teile dieser Bibliothek von Berlin nach Theresienstadt (tschech. Terezín) gebracht, um sie vor Bombardierungen zu schützen.

Nach dem Krieg wurden in nordböhmischen Schlössern große Bücherbestände gefunden, der umfangreichste im heute nicht mehr existierenden Schloss Niemes (Mimoň), weitere in Neufalkenburg (Nový Falkenburk) und auf Burg Hauska (Houska). Etwa 60000 Bände, die in Terezín auftauchten, wurden als erbenloses Eigentum eingruppiert und in das Jüdische Museum in Prag verbracht. An diesen Büchern zeigten sich sowohl jüdische Organisationen wie auch der tschechoslowakische Staat sehr interessiert. Die Funde in den Schlössern, über eine halbe Million Bände, wurden dagegen als deutsches Eigentum kategorisiert und der Verantwortung der National- und Universitätsbibliothek in Prag und weiterer tschechischer Institutionen (darunter das Außen-

und das Innenministerium) übergeben; Teile davon wurden später ebenfalls dem Prager Jüdischen Museum anvertraut. Vertreter des YIVO und anderer jüdischer Organisationen sahen sich aufgrund der heterogenen Situation gezwungen, mit verschiedenen tschechischen Behörden, unter anderem mit dem Theresienstadt-Komitee, und mit dem Rat der Jüdischen Kultusgemeinden in Böhmen und Mähren in Kontakt zu treten, um über die Zukunft der Sammlungen zu verhandeln. Dabei traten vermehrt Spannungen auf, da von verschiedener Seite ähnlich lautende Ansprüche gestellt wurden und die Positionen der Akteure teils nicht vereinbar waren.

Generell war die Ausganglage wesentlich komplexer als in der amerikanischen Besatzungszone, denn die tschechoslowakische Restitutionspolitik radikalisierte sich, je länger der Prozess andauerte. Während die tschechische Exilregierung 1938 den Status quo nach Beschlagnahmungen und Raub durch die deutschen Invasoren nicht anerkannte, beschlagnahmte der tschechoslowakische Staat, der sich nach dem Krieg neu konstituierte, selbst das Privateigentum von Bürgern, die sich in der Volkszählung von 1930 als Deutsche ausgegeben hatten (die Einteilung war damals nach der Muttersprache erfolgt). So wurden deutschsprachige Bürger der Tschechoslowakei nach dem Krieg unterschiedslos als »Deutsche« eingestuft. Und so wurden neben Nazis auch deren Opfer, darunter Juden, (erneut) ihres Eigentums und ihrer gesellschaftlichen Position beraubt.

### Widerstreitende Strategien für die Rettung von Kulturgütern

Das Auffinden der Zeitungssammlung des YIVO und die diesbezüglichen Restitutionsbemühungen sind unzertrennlich mit der Tätigkeit des Komitees Otzrot Hagolah (Schätze der Diaspora) der Hebräischen Universität Jerusalem verbunden. Dem 1944 gegründeten Komitee gehörten unter anderem der

Religionshistoriker Gershom Scholem und der Philosoph und erste Rektor der Hebräischen Universität Hugo Bergmann an, die bereits in den 1920er Jahren nach Palästina ausgewandert waren, sowie der Religionsphilosoph Martin Buber, der 1938 aus Deutschland entkommen war. Unter anderem schickte das Komitee Gesandte nach Europa, um erbenloses jüdisches Eigentum nach Palästina zu bringen.

Der erste Gesandte des Komitees, der nach Prag kam, war Gershom Scholem. Während seines Aufenthalts im Juni 1946 konnte er sich ein Bild vom Ausmaß der Vernichtung der lokalen jüdischen Gemeinden machen. Angesichts des Mangels an qualifizierten Arbeitskräften für den Umgang mit den infrage kommenden Büchern – kaum jemand war des Hebräischen mächtig – verhandelte er mit dem Rat der Jüdischen Kultusgemeinden über die Überführung der Bücher von Terezín in die treuhänderische Obhut der Hebräischen Universität. Schließlich machte der Rat sein Einverständnis von der Einwilligung des Jüdischen Museums in Prag sowie einer Vertretung der deutschen Juden und der tschechoslowakischen Regierung abhängig. Im November 1946 traf ein weiterer Vertreter des Komitees in Prag ein. Es handelte sich um den in der Stadt geborenen Shmuel Hugo Bergmann, den ersten Leiter der Jewish National and University Library. Das Jüdische Museum befürwortete das Gesuch der Hebräischen Universität, der Rabbiner und Gelehrte Leo Baeck verfasste von London aus im Namen der deutschen Juden das gewünschte Empfehlungsschreiben und nach einigen Debatten stimmte auch die tschechoslowakische Regierung zu – und zeigte sich bereit, den Transfer der Bücher nach Jerusalem zu ermöglichen.

Im Verlauf seiner Mission besuchte Bergmann auch das Schloss Mimoň und stieß dort auf die Zeitungssammlung des YIVO (Abb. 8). Er unterrichtete daraufhin sofort den Rat der Jüdischen Kultusgemeinden und stellte klar, dass der rechtmäßige Erbe der Sammlung das YIVO in New York sei. Am 12. Dezember 1946 teilte der Rat dem Institut mit:

Abb. 8: In dem heute nicht mehr erhaltenen Schloss Niemes (Mimoň) in Nordböhmen waren vorübergehend die Zeitungssammlung und andere Bestände des YIVO eingelagert. Zeitgenössische Postkarte, Bildquelle: BayHStA, SdA Bildersammlung, 1628.

»Wir sind bereit alles zu unternehmen, um diese Zeitschriften zu retten und werden die zuständigen tschechoslowakischen Behörden ersuchen, dieses Eigentum zu restituieren, unter der Annahme, dass das erwähnte wissenschaftliche Institut in Wilna nicht mehr existiert und Sie der gesetzliche Nachfolger dieses Instituts sind. Bitte senden Sie uns eine beglaubigte Bestätigung dieses Umstandes, wir werden daraufhin gerne in Ihrem Namen ein Restitutionsgesuch stellen.«[1]

Bergmann begnügte sich nicht mit der Mitteilung an den Rat der Jüdischen Kultusgemeinden, sondern wandte sich am darauffolgenden Tag auch an die Leitung des YIVO:

»Auf dem Dachboden des Schlosses sah ich einen großen Haufen gebundener jiddischer Zeitungen, und als mir der Polizist, der mich begleitete, die Bände reichte, stellte ich fest, dass es sich um YIVO-Eigentum handelt. Wie mir umgehend mitgeteilt wurde, gibt es auch viele Bücher in drei Schlössern in der Nähe von Mimoň [...]. Der Rat der Jüdischen Kultusgemeinden in Prag ist nun bemüht, dass die hebräischen und jiddischen Bücher bis zur weiteren Klärung vorläufig unter seine Obhut kommen.«[2]

Eine Woche später reichte Max Weinreich beim amerikanischen Konsulat in Prag eine eidesstattliche Erklärung ein, in der er dem Rat der Jüdischen Kultusgemeinden die Vertretungsvollmacht des YIVO für alle im Zusammenhang mit dessen Eigentum in der Tschechoslowakei stehenden Belange gab. Gleichzeitig bat er das amerikanische Konsulat in Prag, den Rat bei Bedarf zu unterstützen.

Die Restitutionsbemühungen des YIVO in der Tschechoslowakei fanden im Schatten der Aktivitäten des Otzrot-Hagolah-Komitees und mit dessen grundsätzlicher Erlaubnis statt, die in der Tschechoslowakei aufgefundenen Sammlungen nach Jerusalem zu überführen. Die YIVO-Leitung war zumeist nicht darüber informiert, was sich hinter den Kulissen abspielte, dennoch finden sich heute direkte oder indirekte Spuren in Unterlagen der Universität und des YIVO. Um ein solches Dokument handelt es sich bei dem Brief des Rats der jüdischen Gemeinden an das Institut mit der Bitte um Einverständnis, »die doppelt vorhandenen Sammlungen von Zeitschriften« der Hebräischen Universität zukommen zu lassen. Der Rat der Jüdischen Kultusgemeinden gab sich dabei als neutraler Vermittler, indem er dem Institut seine Dienste als dessen Vertreter gegenüber den Behörden in Prag anbot und sich gleichzeitig für Otzrot Hagolah einsetzte. Zu diesem Komitee gehörten auch Vertreter der Jewish National and University Library, die schließlich die wesentliche Nutznießerin von aus Europa überführten Beständen werden sollte. Die Bibliothek hoffte, ihre eigene Sammlung in Jerusalem vergrößern zu können, und vereinbarte deshalb mit Barons Commission einen Verteilungsschlüssel für erbenlose Bücher. Danach sollte die Nationalbibliothek jeweils das erste Exemplar jedes dort nicht bereits vorhandenen Buches erhalten; Dubletten sollten unter den anderen (amerikanischen) Institutionen verteilt werden. Das war auch die Motivation, die sich hinter der Anfrage des Rates verbarg.

Neben ihrer Tätigkeit in Prag versuchten die Vertreter des Jerusalemer Komitees, den Status der Universität als legitime Erbin der Kulturgüter zu bekräftigen. Sie erkannten, dass ihr Anspruch auf die in Europa verbliebenen jüdischen Kulturschätze fragil blieb und die Verbindung zwischen dem Kulturgut, das den Krieg überdauert hatte, und der jüdischen Gemeinschaft in Palästina weder eindeutig noch selbsterklärend war. Im August 1946 formulierten die New Yorker Commission und das State Departement ein Memorandum über den Status der Organisation und ihre Aufgaben. Unter anderem wird darin das in der Tschechoslowakei aufgetauchte Kulturgut als »Sonderfall« bezeichnet, der amerikanischer Intervention bedürfe, da die Bücher von Terezín ursprünglich aus Deutschland kämen und deshalb in die amerikanische Besatzungszone Deutschlands gehörten. Das State Department übergab den tschechoslowakischen Behörden eine entsprechende Forderung, die aber abgelehnt wurde. Dennoch zeigte die Tschechoslowakei insofern Entgegenkommen, als sie den Transfer der Bücher nach Jerusalem aussetzte, woraufhin sich die Hebräische Universität zur Tätigkeit gegenüber der Commission und den amerikanischen Behörden gezwungen sah. Erst nach einer Eingabe an Salo Baron änderte sich deren Haltung. Die Commission zog ihre Forderung zurück und unterstützte nun den Anspruch der Hebräischen Universität als Erbin der Sammlungen, die in der Tschechoslowakei aufgefunden wurden. Ende Januar 1947 wurde das State Department gebeten, Änderungen am Memorandum vom Sommer vorzunehmen und die Hebräische Universität als treuhänderische Verwalterin der Buchbestände aus der Tschechoslowakei anzuerkennen, damit diese nach Jerusalem gebracht werden konnten. Bei einem Treffen mit Vertretern der Commission und der Hebräischen

Universität im State Department erhielt die Universität die Zustimmung für den Transfer der Sammlungen nach Jerusalem. Das State Department gab dem amerikanischen Konsulat in Prag daraufhin neue Anweisungen und fügte eine Klausel zum YIVO-Eigentum hinzu: »Der Transfer des YIVO-Eigentums in die Hebräische Universität ist auch eine befriedigende Lösung.«[3]

Noel Hemmendinger, der an der Formulierung der Anweisungen an das amerikanische Konsulat in Prag und an den Verhandlungen mit dem YIVO beteiligt war, entschied sich dafür, das YIVO über die neuen Entwicklungen in Kenntnis zu setzen. Er wandte sich an Seymour Pomrenze, der damals das YIVO in Washington vertrat. Pomrenze forderte, die Anweisungen an das Konsulat in Prag sofort auszusetzen. Er unterrichtete YIVO-Vorstandmitglied Max Uveeler darüber, dass das State Department erklärt habe, »das YIVO hat nichts dagegen, dass seine Bücher an die Hebräische Universität restituiert werden«,[4] und meinte, Weinreich möge sich bald nach Washington begeben, um das Tschechoslowakei-Problem zu erörtern, das bis zu jenem Zeitpunkt vernachlässigt worden sei. Zudem schlug er vor, Jerome Michael, Professor für Rechtswissenschaften an der Columbia University und Vizepräsident der Commission, mitzuteilen, dass das YIVO gegen den Transfer seiner Sammlungen nach Jerusalem sei. Weinreich eilte nach Washington und berichtete am 21. Februar 1947 nach einem Treffen, das er und Pomrenze mit Hemmendinger abgehalten hatten, Folgendes:

»Er hat dem schon bald zugestimmt und gesagt, wegen Zweifeln habe er die Instruktionen an die Botschaft in Prag noch zurückgehalten. Wir haben verschiedene Möglichkeiten besprochen, wie die Formulierung der Instruktionen abgeändert werden könnte und sind schließlich übereingekommen, [...] dass Hemmendinger einfach den letzten (oben zitierten) Satz [dass der Transfer des YIVO-Eigentums nach Jerusalem auch eine befriedigende

Lösung sei] aus seinem Telegramm herausstreicht. Das heißt, das Konsulat wurde angewiesen, das YIVO nach Möglichkeit zu unterstützen, und das YIVO wird sich seinerseits möglichst rasch an die Botschaft in Prag wenden und ihr unter Berufung auf die Instruktion des State Department seine Forderungen mitteilen.«[5]

Die drei waren darin einig, dass ein Transfer der YIVO-Sammlungen via Jerusalem nach New York keinen Sinn ergebe und dass die Verhandlungen und die Verpackung der Objekte vom Rat der Jüdischen Kultusgemeinden auszuführen seien. Zudem kam man überein, dass die Sammlungen bis zum Eintreffen eines YIVO-Delegierten in Prag verbleiben könnten. Deshalb wurde beschlossen, dass sich Pomrenze nach Abschluss seiner Mission in Offenbach in die Tschechoslowakei begeben solle. Hemmendinger bat darum, dass abgesehen davon, dass dem Konsulat in Prag Instruktionen im Auftrag des YIVO erteilt würden, das Institut auch Vizeaußenminister John Hilldring über die Beschlüsse informiert. Bei dem Treffen kam überdies das Verhältnis des YIVO zur Commission und zur Hebräischen Universität zur Sprache und es wurde beschlossen, dass »das YIVO Prof. Michael [...] informiert, damit es nicht zum Bruch kommt zwischen ihm und dem Komitee«.[6]

Ein solcher Bruch schien jedoch unvermeidlich. Die Befürchtung, dass die Universität »Teil der Treuhandschaft [*trusteeship*] werden könnte, die für sämtliche jüdischen Kulturschätze in Europa zuständig ist, die in die Hände der Nazis gelangt waren, und deren Eigentümer nicht mehr eruiert werden können«,[7] und nicht nur für die Funde in der Tschechoslowakei, ließ Weinreich keine Ruhe. Bereits im September 1945 hatte die Hebräische Universität den Außenministern der Alliierten mit Unterstützung der Jewish Agency ein Gesuch um Anerkennung als Alleinerbin des verbliebenen jüdischen Eigentums in Deutschland übergeben. Später beanspruchte sie gar das »geistige und symbolische

Erbe« der deutschen Juden. Im März 1946 erklärten Mitglieder des Otzrot-Hagolah-Komitees, das erbenlose Eigentum sowie das Eigentum der jüdischen Institute, Gemeinden und Vereine sei nach Jerusalem zu überführen:

> »Das im Lande der Vorväter wiederentstandene jüdische Volk hat eine besondere geistige Verbindung zu seinen Kulturschätzen [...] in seinem nationalen und geistigen Zentrum im Land Israel [...]. Kein Ort und keine Institution innerhalb der jüdischen Welt kann also ein [solches] kulturelles, moralisches und menschliches Recht auf die Verwaltung des kulturellen Nachlasses der vernichteten jüdischen Diaspora beanspruchen wie die National- und Universitätsbibliothek auf dem Skopusberg in Jerusalem.«[8]

Nachdem die Commission ihre Haltung geändert hatte und den Anspruch der Hebräischen Universität nunmehr unterstützte, drohte dem YIVO-Eigentum eine reale Gefahr sowohl von den tschechoslowakischen Behörden als auch von in Prag aktiven lokalen und ausländischen jüdischen Organisationen. Vereinbarungsgemäß wandte sich Weinreich nach dem Treffen an den Rat der Jüdischen Kultusgemeinden, an das amerikanische Konsulat in Prag und auch an Hilldring und Michael, unterrichtete sie über die Beschlüsse des Treffens in Washington und forderte sie auf, das YIVO-Eigentum weder in Privathand noch an fremde Institutionen gelangen zu lassen. Doch Weinreichs Schreiben an Michael brachte keine Entspannung. Am 28. Februar 1947 führten Baron und Weinreich ein Telefonat, in dessen Verlauf Baron eine Parallele zwischen den Schauplätzen Offenbach und Tschechoslowakei zog und darlegte, eigenmächtige Handlungen des YIVO und auch anderer jüdischer Organisationen könnten den gesamten Restitutionsprozess gefährden und die Rückführung des jüdischen Eigentums insgesamt verzögern. Baron rief Weinreich dazu auf, unter Führung der Commission zu handeln, um die Restitution von Eigentum aus der Tschechoslowakei und aus Offenbach gleichzeitig voranzutreiben, doch Weinreich gab nicht nach:

»Ich habe Prof. Baron darüber aufgeklärt, dass die YIVO-Angelegenheit ganz besonderer Art ist und es besser wäre, sie nach Möglichkeit getrennt von den großen allgemeinen Themen zu behandeln, die viel Zeit beanspruchen und mit rechtlichen Komplikationen verbunden sind. Das YIVO fordert nichts, nur das Seine. Das State Department hat anerkannt, dass das YIVO in New York der rechtmäßige Nachfolger des YIVO in Wilna ist und deshalb das Recht hat, einen Ad-hoc-Beschluss zum YIVO zu fällen, bevor man sich der größeren allgemeinen Fragen annimmt.«[9]

Das YIVO, fügte er hinzu, werde eigene Gesandte nach Prag schicken und der Rat sei bereit, das Institut zu vertreten und bei der Überführung der Sammlungen behilflich zu sein. Zudem betonte er gegenüber Baron, dass das YIVO sich weigere, seine Sammlungen via Jerusalem zu transferieren, da dies »unpraktisch« sei.

Weinreich hielt an dieser Weigerung fest. Als Mitglied der Commission und der späteren JCR hatte er an deren Sitzungen und Verhandlungen teilgenommen und ihm war die Thematik gewiss vertraut, sowohl aus der Perspektive des Leiters eines unabhängigen Instituts, der sich um den Schutz von dessen Eigentum kümmert, als auch, weil ihm das Schicksal der erbenlosen jüdischen Kulturgüter persönlich wichtig war: »Als Kommissionsmitglied [...] sind mir einige Details von den laufenden und erwarteten Verhandlungen bekannt und ich weiß, dass sie sich noch im Sondierungsstadium befinden, da sehr viele Fragen involviert sind, die frühere Eigentümer und Ansprüche betreffen.«[10] Weinreich hatte durchaus Einfluss auf die Commission und die Politik, die er im September 1944 bezüglich des Umgangs mit den jüdischen Bibliotheken in Deutschland vorschlug, wurde später von Baron übernommen. Er schätzte die aktiven Bemühungen der Commission und erklärte 1945 vor dem Jüdischen Weltkongress, Barons Kommission leiste gute Arbeit und es bestehe keinerlei Veranlassung zu Parallelinitiativen. Und im späteren schriftlichen Austausch mit den amerikanischen Behörden unterstützte er die Commission/JCR wiederholt. Deren Vertreter wussten ihrerseits um die Vorzüge des YIVO und dessen Macht. Im November 1946 wandte sich Baron an Hilldring und bat darum, dass die YIVO-Sammlung unter der Ägide der Delegation der Library of Congress in die Vereinigten Staaten überführt werde. Wenige Tage später erwog Baron, den Wortlaut des Gesuches zu ändern. In der Korrespondenz mit Michael äußerten beide die Befürchtung, dass Pomrenze während seiner Amtszeit als Depotleiter in Offenbach Objekte, die nicht zum Eigentum des YIVO gehörten, auf die Bücherstapel des Instituts gelegt habe. Baron schlug vor, die YIVO-Bestände nicht direkt vom Container der Library of Congress ins Institut zu bringen, sondern sie vorher von einem externen Treuhänder in New York prüfen zu lassen. Ob dieser Vorschlag als offizielles Gesuch bei der Regierung vorgebracht wurde, ist nicht bekannt, zur Umsetzung kam er jedenfalls nicht.

Trotz Meinungsverschiedenheiten suchte Weinreich die Unterstützung der Commission und versuchte, die Wogen zu glätten. Doch das Misstrauen, das deren Führung an den Tag legte, die Einmischung in Verhandlungen und die Versuche, das YIVO zu einer bestimmten Haltung zu drängen, stellten nach seinem Empfinden eine gefährliche Hürde dar. Je erfolgreicher sich das YIVO auf politischer Ebene durchsetzte, desto stärker wurde das gegenseitige Misstrauen, bis sich bei Weinreich der Verdacht manifestierte, die Bemühungen des YIVO würden sabotiert. Lucy Dawidowicz teilte er mit:

»Ein großes Hindernis bei der Durchführung des Transports [aus Offenbach] war, wie sich herausgestellt hat, die Commission on European Jewish Cultural Reconstruction [...]. Sie *wollten* uns stören. Sie nahmen Verhandlungen mit dem State Department auf [...] über die gesamte Angelegenheit sämtlicher jüdischer Kulturschätze [...]. Das hat zu verschiedenen Gesprächen, Klarstellungen und Memoranden in dieser und jener Richtung geführt, sodass unsere klare und begrenzte Angelegenheit inzwischen, nach jetzigem Stand, in diesem großen Meer untergegangen ist. [...] Aber jetzt müssen wir warten, bis die allgemeine, umfassende Frage geregelt ist. [...] Sie werden schon verstehen, warum wir oben ›streng vertraulich‹ geschrieben haben.«[11]

Dabei sah Weinreich keinen Widerspruch zwischen der Unabhängigkeit, die das YIVO demonstrierte, und seiner Mitgliedschaft in der JCR und der Unterstützung derselben. Es gab für ihn keinen Grund für einen Verzicht auf die Mitwirkung in einer der beiden Organisationen. Während die JCR zum Zweck der treuhänderischen Verwaltung des erbenlosen jüdischen Kultureigentums gebildet worden war und handelte, wurde das YIVO New York als direkter ständiger Nachfolger des YIVO Wilna anerkannt. Dessen Eigentum war somit auch nicht als »erbenlos« einzustufen. Weinreich war davon überzeugt, dass der Erbenstatus des YIVO allen Beteiligten klar war: »Von den jüdischen Institutionen bezweifelt aus naheliegenden Gründen keine die Rechte des YIVO auf sein Eigentum.«[12]

### YIVO-Vertreter

»Bei meinem Besuch im Schloss Mimoň stand dort ein Lastwagen der polnischen Regierung, der Bücher geladen hatte, die nach deren polnischen Stempeln zu schließen, aus Polen stammten, darunter auch Bücher der großen Synagoge in Warschau (ul[ica] Tłomackie 7). Es besteht die Gefahr, dass die Bücher sich zerstreuen.«[13]

Mit diesen Worten warnte Hugo Bergmann im Dezember 1946 in einem Brief das YIVO vor der akuten Gefahr, die den Sammlungen in Mimoň drohte. Es wurde befürchtet, dass die YIVO-Bestände nach Polen oder Litauen überführt werden könnten, da Sammlungen, die in der Tschechoslowakei aufgetaucht waren, im Rahmen der Restitution bereits nach Polen zurückgebracht wurden.

Der Plan des YIVO zur Restitution seiner Sammlungen aus der Tschechoslowakei wurde in die »Operation Offenbach« integriert und entsprach deren Vorgehen und Zeitplan. Nachdem beschlossen worden war, dass das YIVO einen Vertreter in die Tschechoslowakei schickt und der Rat der Jüdischen Kultusgemeinden das Institut mit Unterstützung des amerikanischen Konsulats bis zum Eintreffen dieses Vertreters repräsentiert, einigte man sich darauf, dass Pomrenze in die Tschechoslowakei fahren solle, um dort nach Abschluss seiner Mission in Deutschland die »zweite Operation« zu leiten. Weinreich erwog zudem, persönlich nach Prag zu reisen, und beriet sich in dieser Sache mit Dawidowicz, die sich zu diesem Zeitpunkt in Offenbach aufhielt. Ursprünglich war jedenfalls geplant, die Sammlung in Prag entweder durch den Rat der Jüdischen Kultusgemeinden oder durch YIVO-Gesandte sichten zu lassen, sie nach Bremen zu bringen und zusammen mit den Kisten aus Offenbach nach New York zu verschiffen.

Schlussendlich fuhr Dawidowicz aber nach Prag, bürokratische Hindernisse konnten sie nicht davon abhalten (Abb. 9). Sie traf am 20. März 1947 von Frankfurt kommend dort ein, nach einer dreitägigen Reise und einen Monat nach dem Gespräch zwischen Weinreich, Pomrenze und Hemmendinger im State Department, bei dem die Entsendung eines YIVO-Vertreters nach Prag vereinbart worden war. Ähnlich wie bei ihrer Mission in Offenbach, reiste sie erneut im Auftrag des Joint, Bücher für die Ausleihe in (österreichischen) DP-Lagern zu finden, und war gleichzeitig die erste YIVO-Vertreterin in der Tschechoslowakei. Ihrer Familie gegenüber charakterisierte sie ihre Arbeit als Mission »für meine Bücher; religiöse Bücher, deutsche Bücher und die YIVO-Bibliothek. Ich bin ganz in dieser Sache drin.«[14] Dieses Mal wurde Dawidowicz jedoch offiziell zur YIVO-Vertreterin ernannt und dem Rat der Jüdischen Kultusgemeinden eine entsprechende Nachricht übermittelt. Sie hielt sich nur wenige Tage in Prag auf, ein Besuch in Mimoň fand nicht statt. Dennoch konnte sie wichtige Informationen sammeln.

Zunächst erfuhr Dawidowicz, dass Hugo Bergmann bei seiner Fahrt nach Mimoň von Otto Muneles, dem Bibliothekar des Jüdischen Museums in Prag, begleitet worden war, der als Zwangsarbeiter in Theresienstadt für die Katalogisierung der im Ghetto gesammelten Hebraica zuständig gewesen war. Muneles erzählte ihr, dass er die YIVO-Bestände in Mimoň auf rund 5000 Bände schätze. Dawidowicz äußerte Befürchtungen über das Schicksal dieser Bücher:

> »Auch hier [in den Schlössern] wurde nichts unternommen, um die Bücher zu konservieren, sodass ihr Zustand sogar noch schlechter ist als jener in Prag [...]. Ich bin sehr skeptisch im Hinblick auf die Restitution dieses Eigentums und auch, ob für die übrigen Bücher vernünftige Arrangements getroffen werden können, wenn keine autorisierte Person vor Ort dafür zuständig ist. [...] Die tschechische Regierung ist der Restitutionsfrage gegenüber in der Regel negativ eingestellt und hat die Restitutionswünsche von Personen und Organisationen in bestimmten Fällen als ›faschistisch‹, ›bourgeois‹ oder mit irgendwelchen anderen damals angezeigten Bezeichnungen charakterisiert.«[15]

Da sich die Schlösser in ländlichen Gegenden befänden, meinte Dawidowicz, »handelt es sich bei dem für das Eigentum in Mimoň zuständigen Ministerium um das Landwirtschaftsministerium, was die Sache etwas einfacher macht, weil es die Bücher nicht wirklich interessiere.«[16] Was sie zu

Abb. 9: Lucy Schildkret-Dawidowicz bei ihrem Besuch in Prag, 1947. © Mit freundlicher Genehmigung von Frau Laurie Sapakoff Cohen, Privatbesitz.

diesem Irrglauben verleitete, lässt sich heute nicht mehr rekonstruieren. Weinreich jedenfalls verließ sich auf ihre Aussage und war sich nicht darüber im Klaren, dass andere Stellen (etwa das Außenministerium, die National- und Universitätsbibliothek in Prag) über die Zukunft der Schlösserbestände zu entscheiden hatten.

In Begleitung von Muneles und einem Vertreter des Rates der jüdischen Gemeinden traf sie sich mit Mitarbeitern des amerikanischen Konsulats und besprach mit ihnen das Vorgehen zur Restitution der YIVO-Sammlungen. Obwohl sich das Konsulat kooperationsbereit zeigte, schienen seine Mitarbeiter nicht in der Lage zu sein, die Interessen des YIVO zu stärken. Dawidowicz schlug deshalb Weinreich vor, das State Department dazu zu drängen, die Tätigkeit des Konsulats in Prag in dieser Sache möglichst rasch zu autorisieren. Weinreich war jedenfalls der Ansicht, das Sortierverfahren, das in Offenbach zur Anwendung kam (und auf Exlibris-Stempeln beruhte), könne nicht allein von Vertretern des Konsulats durchgeführt werden. Die Tschechoslowakei, so Dawidowicz abschließend, scheine sich außerhalb ihres Aktionsbereichs zu befinden und Pomrenze werde ihr im Rahmen seiner Mission Zeit widmen müssen.

Der kurze Aufenthalt Dawidowicz' in Prag blieb nicht ohne Folgen. Der Sekretär der jüdischen Gemeinde berichtete Hugo Bergmann:

»In den letzten Tagen war irgendeine Amerikanerin in der Uniform der AJDC-Arbeiterinnen bei mir und verlangte die Bücher in Mimoň und Falkenburg, da diese angeblich dem früheren wissenschaftlichen Institut in Wilna gehören, dessen Rechtsnachfolger angeblich das YIVO in Amerika ist, und dass sie die Hilfe des amerikanischen Konsulats dazu erwirken werde, damit sie [...] den Ursprung der Bücher feststellen könne und die Überführung der Bücher nach Amerika bewerkstelligen werde.«

Er bat Bergmann, beim YIVO, dem Joint und anderen Institutionen in den Vereinigten Staaten zu intervenieren, »damit diese Ihre und unsere Schritte nicht durchkreuzen, welche die Überführung der Bücher nach Jerusalem zum Zwecke haben, beziehungsweise dass genau festgestellt werde, welche Bücher nach Jerusalem und welche nach Amerika zu gehen haben.«[17] Auch in Jerusalem wurden Befürchtungen geäußert. Der in Berlin geborene David Werner Senator, Führungsmitglied der Jewish Agency und später Vizepräsident der Hebräischen Universität, die faktisch von ihm geleitet wurde, verfasste folgendes dringende Schreiben an Baron:

»Wir haben Nachricht aus Prag, dass eine junge Frau der JDC, die das IWO vertritt, dort Bücher für sie sammelt. Wir gehen davon aus, dass das ein Missverständnis ist und dass sie sich nur für Teile der Zeitungsmappen interessiert, die Bergmann dort gefunden und ihnen darüber geschrieben hat. Wir wären Ihnen jedenfalls dankbar, wenn Sie die Angelegenheit gegenüber dem YIVO ansprechen könnten, damit sie die junge Frau (deren Name uns nicht bekannt ist) anweisen können, uns keine übermäßigen Schwierigkeiten mit den Behörden zu verursachen, die nur auf einen solchen Vorwand warten, um niemandem etwas zu geben.«[18]

Dass Dawidowicz' Tätigkeit aus Sicht der Universität eine Bedrohung darstellte, ist naheliegend. Der Rat der Jüdischen Kultusgemeinden stellte nicht nur klar, dass die in den verschiedenen Schlössern verstreuten YIVO-Bestände (außer die Zeitungssammlung) zum Transfer nach Amerika bestimmt seien, es war auch Dawidowicz' Aufgabe, in Prag Bücher geringen Werts aus den Terezín-Beständen für die DP-Lager auszusondern, ähnlich wie beim Bücherverleih an den Joint aus den Beständen in Offenbach. Mit anderen Worten, ihr Vorhaben betraf genau die Sammlung, an der die Universität interessiert war. Doch die Bitte an Baron, er möge sich der Sache des YIVO annehmen, zeigt, dass der Status des YIVO bei den amerikanischen Behörden und seine Erfolge auf politischer Ebene falsch eingeschätzt wurden.

»Unsere Hauptsorge ist gegenwärtig die Tschechoslowakei. Wir haben die Vollmacht noch nicht dorthin geschickt, […] weil wir Bedenken haben, ein solches Papier einem tschechoslowakischen Bürger in die Hand zu geben, da wir befürchten, dass er dann gezwungen werden könnte, gegen uns zu handeln und wir dann machtlos wären, weil er im Besitze unserer Vollmacht wäre. […]

Vielleicht wäre es am besten, wenn Pomrenze das allein erledigen könnte.«[19]

Pomrenzes Mission erwies sich als unerlässlich. Die Entwicklungen in der Tschechoslowakei, die Verstaatlichungstendenzen und die von Dawidowicz geäußerte Befürchtung weckten Zweifel an der Fähigkeit und Bereitschaft des Rates der jüdischen Gemeinden, die Interessen des YIVO angemessen zu vertreten. Als die Kisten aus Offenbach in Bremerhaven auf ein Schiff verladen wurden, wandte sich Pomrenze tatsächlich dem zweiten Teil seiner Mission zu und traf am 6. Juli 1947 in Prag ein. Er tat alles in seiner Macht Stehende, um zur Zeitungssammlung zu gelangen, doch in den wenigen Tagen seines Aufenthalts in der Stadt gewann er Einblick in die Vorgänge im Hintergrund und musste einsehen, dass er in Prag kaum etwas ausrichten konnte.

Am ersten Tag seines Aufenthalts versuchte Pomrenze, Kontakt mit dem Sekretär der jüdischen Gemeinden aufzunehmen, doch dieser war für einen Monat abwesend. Am nächsten Tag wandte er sich an das amerikanische Konsulat und bekam dort die Empfehlung, die Angelegenheit nicht mit tschechischen Behördenvertretern, sondern nur mit Vertretern des Rates der jüdischen Gemeinden zu besprechen. Nach einem Austausch mit dem Ratsvorsitzenden Ernst (Arnošt) Frischer wandte er sich an die Leiterin des Jüdischen Museums Hana Volavková, die seit den 1930er Jahren dort beschäftigt war und als einzige Mitarbeiterin des Museums das KZ Theresienstadt überlebt hatte. Auch Volavková empfahl Pomrenze, abzuwarten und nicht mit den tschechischen Behörden in Kontakt zu treten. Sie teilte ihm ihre Absicht mit, zwei Tage später, am 9. Juli, nach Mimoň zu fahren, und gestattete Pomrenze, sie dorthin zu begleiten. Zudem erklärte sie sich bereit, die entsprechenden Genehmigungen für ihn zu besorgen. Noch am selben Tag erhielt Pomrenze die Zusage des Rates der jüdischen Gemeinden, den Transport der YIVO-Sammlung in die Vereinigten Staaten zu arrangieren, nachdem diese aussortiert und ins Jüdische Museum Prag überführt worden sei. Am 8. Juli traf er im Rat der Jüdischen Kultusgemeinden Muneles, der »über Weinreichs Bücher Bescheid wusste«. Außerdem beggnete er dort Arthur Bergmann, dem Bruder von Hugo Bergmann, der sich in jenen Tagen als dritter Gesandter des Otzrot-Hagolah-Komitees in Prag aufhielt. Muneles und Bergmann »waren dort mit der Sortierung der Bücher aus Theresienstadt beschäftigt. Diese Bücher waren, soweit ich sehen konnte, alle deutsch-jüdisches Eigentum und für die Hebräische Universität bestimmt. Ich habe ihnen die YIVO-Stempel gezeigt, worauf sie meinten, keines der Bücher trage Stempel des YIVO oder von Strashun.«[20] Pomrenze begab sich erneut zum amerikanischen Konsulat und übermittelte einen Bericht nach Washington. Nachdem er erfuhr, dass seine Fahrt nach Mimoň nicht genehmigt wurde, sprach er mit Volavková, die ihm nahelegte, geduldig zu warten, da die tschechischen Behörden »es nicht gerne sehen, wenn Fremde den Ort besuchen«. Am 9. Juli konnte er dann trotz einiger Kontaktversuche weder sie noch Frischer erreichen. Am 10. Juli gelang es ihm, Volavková zur Rede zu stellen:

»Schließlich erreichte ich Dr. Volavková nach mehreren Taxifahrten quer durch Prag. Sie sagte mir, das Material in Mimoň umfasse 5 Wagenladungen. Viele der Zeitungen seien vom YIVO. Doch sie habe sich die Namen der Zeitungen nicht angeschaut und könne mir keine Einzelheiten zum Material geben. Sie meinte, ich könne nicht hinfahren und sie mir anschauen. Da wurde ich wütend [...]. Ich hielt mich seit fünf Tagen in Prag auf und nachdem ich ihrem Rat gefolgt war und versucht habe, auf jede nur mögliche Art mit dem jüdischen Rat zu kooperieren, bekomme ich nun eine solche Antwort. Sie meinte zudem, der jüdische Rat würde die Aussortierung einer so großen Sammlung nicht auf sich nehmen. Ich solle versuchen, mit der Regierung zu verhandeln.«[21]

Volavková bestätigte also indirekt, dass die Zeitungssammlung des YIVO zumindest teilweise für den Transport nach Prag verpackt wurde. In jenen Tagen hielt sich der Jurist Arthur Bergmann, Gesandter der Otzrot Hagolah, in Prag auf. Er war Ende Mai in der Stadt eingetroffen, also einen Monat vor Pomrenze. Seine Verbindungen erwiesen sich als sehr nützlich. Er war nicht nur in Prag geboren, sondern hatte vor dem Krieg dort als Regierungsbeamter gedient und kannte Schlüsselfiguren in der Stadt. Vor seiner Abordnung stand er mit der tschechischen Vertretung in Jerusalem in Kontakt. Während der Mission seines Bruders Hugo Bergmann wurde zwar grundsätzlich die Genehmigung erteilt, die Bestände in den Schlössern der Hebräischen Universität zu treuen Händen zu übergeben, doch faktisch gab es in dieser Sache keinen Fortschritt. In den ersten Wochen seines Aufenthalts in Prag erwirkte Arthur Bergmann, dass die Überwachung der Bücherbestände in Mimoň mit sofortiger Wirkung dem Rat der Jüdischen Kultusgemeinden unterstellt wurde. Daraufhin gelangte das Schloss in den Verantwortungsbereich des Militärs, was sich für ihn nach eigener Einschätzung vorteilhaft auswirkte. Am 12. Juli 1947 berichtete er Gershom Scholem von einer zufälligen Begegnung mit Pomrenze: »Vor einigen Tagen war Dr. Pommeranz / New York / von der YWO bei mir. Er wird von unseren Bemühungen und Interventionen profitieren und seine Bücher bekommen.«[22] Bergmann hatte Pomrenzes Wunsch, ihm die YIVO-Bücher zu übergeben, sollte er auf sie stoßen, also offenbar stattgegeben. Am darauffolgenden Tag, dem 13. Juli, also vier Tage nach dem Besuch Volavkovás vor Ort, fuhr Bergmann nach Mimoň. Dank seiner Verbindungen wurden ihm hierzu sogar Soldaten zugeteilt. Lastwagen der dort stationierten Militäreinheiten transportierten die Sammlungen von Mimoň nach Prag. Bergmann berichtete:

> »Der Erfolg war, dass uns die Sicherheitsbehörde das Schloss öffnete und wir die aufgestapelten Bücher besich-

tigen konnten. […] In einigen Sälen und mehreren Stockwerken lagen Berge von Büchern, mit Täfelchen versehen, wem sie gehören. In einem Riesensaal – die Bücher der YWO – mannshoch über den ganzen Saal zerstreut und es ist kaum möglich auch nur ein Buch zu identifizieren, ein unvorstellbares Bild der Verwüstung! Das Ergebnis dieser Kommission war die Freigabe der Bücher und die Bereitschaft der Militärbehörden, die Bücher welche für uns bestimmt waren noch im Laufe der Woche in Militärautos nach Prag zu schaffen. […] Bei der Verladung der Bücher in Mimoň waren etwa 50 Soldaten behilflich. […] Am Dienstag, den 15.7. kamen gegen 4 Uhr nachmittags drei große 10-tönnige Militärwagen unter Militäreskorte angefahren, der zweite Transport ebenso stark am Donnerstag, den 17.7.«[23]

Der schlechte Zustand der YIVO-Sammlung scheint den Beschluss befördert zu haben, die Bücher rasch aus dem Schloss zu evakuieren. Insgesamt erreichten Prag »sieben Militärwagen mit je 10 Tonnen Ladung, das heißt zweifellos über 100 000 unsortierte, unkatalogisierte Bücher, die schwer zu bearbeiten sein dürften.«[24] Während also Pomrenze kaum Information und Hilfe vom Rat der Jüdischen Kultusgemeinden und vom Jüdischen Museum erhielt, konnte Bergmann neben anderen Verbindungen auch auf ihre Hilfe zählen. Trotz gegenteiligem Rat versuchte Pomrenze in jenen Tagen, eine Erlaubnis für den Besuch in Mimoň zu erlangen. Als er begriff, dass er dafür Genehmigungen von drei verschiedenen Regierungsstellen brauchte, war seine Verärgerung groß:

»Meine Mission in der Tschechoslowakei war, was das YIVO anbetrifft, *nicht* erfolgreich. Das Botschaftspersonal kann auf die Schnelle nicht viel für uns tun: Es hängt von monatelangen Verhandlungen mit der tschechischen Regierung ab. Der Jüdische Rat ist, *glaube ich*, bereit zu helfen, aber er kann auch nicht viel tun, da sich seine Anstrengungen komplett auf den Versand nach Jerusalem konzentrieren. Ich habe die YIVO-Zeitungen in Mimoň aus zwei Gründen nicht gesehen: 1. Die Leute vom Jüdischen Rat rieten mir, nicht hinzugehen; 2. es braucht eine Genehmigung des Verteidigungsministeriums, um die Sammlung in Mimoň zu besichtigen. Das ist mit einer mehrwöchigen Wartezeit verbunden. Ich hatte das Gefühl, dass wir Verhandlungen in Washington effektiver führen könnten.«[25]

Als Pomrenze realisierte, dass er nicht nach Mimoň gelangen kann, beschloss er, Prag zu verlassen, da es keinen Sinn ergebe, mit dem Kopf durch die Wand zu gehen, wie er sich ausdrückte, und begab sich zur nächsten Station – nach Wien.

## Das Schicksal der YIVO-Bestände in der Tschechoslowakei

Bis zum Aufenthalt Seymour Pomrenzes in Prag lag der größte Teil der Zeitungssammlung in Mimoň. Was mit den Teilen geschah, die (Angaben von Hana Volavková zufolge) nach Prag überführt wurden, ist nicht bekannt. Wurde mit ihnen wie mit den anderen Büchern verfahren oder gelangten sie ins Jüdische Museum oder in die National- und Universitätsbibliothek von Prag? Die in Mimoň verbliebenen YIVO-Bestände weckten jedenfalls großes Interesse bei den Vertretern der Otzrot Hagolah. Arthur Bergmann berichtete Scholem:

»Handschriften: In dem ganzen Theresienstädter Material fand sich auch keine einzige vor und ich vermute, dass dasselbe auch bei Mimon der Fall sein wird. In der YVO Masse / Sie können sich keinen Begriff davon machen, was dort liegt und in welchem Zustande. Hugo hat es gesehen / dürften vielleicht Handschriften vorhanden sein und es wird später einmal Sache der Universität sein, diesbezüglich mit YVO zu verhandeln. Diese Sachen befinden sich noch im Schloss. Ich merke alle diese Sachen in meinen Berichten vor, damit einmal an etwas [sic] nicht vergessen wird.«[26]

Der aus den New Yorker und Jerusalemer Dokumenten rekonstruierbare Verlauf der Ereignisse ermöglicht Rückschlüsse auf den Zusammenhang zwischen den Erfahrungen Pomrenzes in Prag und der Tätigkeit der Otzrot Hagolah. Wie sich herausstellte, bereitete Volavková mit ihrer Fahrt nach Mimoň den von Bergmann überwachten Transfer der Sammlungen aus dem Schloss vor. Obwohl Bergmann die Absicht erklärte, Pomrenze zu unterstützen, und trotz seiner guten Verbindungen bot er ihm nicht an, ihn nach Mimoň zu begleiten. Bergmann selbst konnte hingegen auf die wertvolle Unterstützung eines Mitarbeiters der National- und Universitätsbibliothek zurückgreifen, eines gewissen Kraus, der ihm bei der Erlangung der Bücher von Terezín und aus den Schlössern zur Seite stand. Als sein Stellvertreter überwachte Kraus die Verpackung und Verladung der Bestände von Mimoň, als Bergmann nach Prag zurückfuhr und einen Aufbewahrungsort vorbereitete. Mit eigenen Arbeitskräften reinigte Bergmann die Leichenhalle auf einem jüdischen Friedhof in Prag, dichtete die zerschlagenen Fenster ab und ließ an den Türen Schlösser anbringen. Gemeinsam mit Kraus nahm er sich auch der Bestände in den anderen Schlössern an und brachte die Sammlungen unter anderem aus Falkenburk nach Prag. »Kraus hat die Bestände in den Schlössern schon gesehen, hat aber keinen Überblick über das uns zufallende Material«, bemerkte Bergmann. Zuvor hatte er die Bücher aus Terezín mithilfe von Muneles in eine Lagerhalle beim Denis-Bahnhof in Prag schaffen lassen. Die Bücher wurden nach den Bedürfnissen der Hebräischen Universität sortiert und Bergmann versteckte unter den 16 218 Bänden wertvolle Handschriften ohne Kenntnis der Behörden. Doch trotz seiner Bemühungen und Verbindungen gelang es ihm nicht, die Freigabe der Kisten zu erreichen. Er kehrte nach Jerusalem zurück, während die verpackten Bücher in Prag blieben.

Unter den Zwangsarbeitern in der Bibliothek von Theresienstadt, die nach Auschwitz deportiert wurden, war auch der aus Tschechien stammende Zeev Schek. Nach der Befreiung emigrierte er nach Palästina und begann ein Studium an der Hebräischen Universität. Nun kehrte er als vierter Gesandter der Otzrot Hagolah nach Prag zurück. Anfang 1948, in den Monaten der kommunistischen Machtübernahme in der Tschechoslowakei, gelang es Schek, das Werk seiner Vorgänger zu vollenden und mit List und Finten einen Teil der Bestände aus der Tschechoslowakei herauszuholen. Zuvor, im Oktober 1947, eineinhalb Monate nachdem er seine Mission angetreten hatte, berichtete er Scholem von den für das YIVO kritischen Entwicklungen in Mimoň:

»Zu Schloss Mimoň noch eine Bemerkung: Vorige Woche wurde das Museum plötzlich angerufen, das Schulministerium müsse das gesamte Schloss für die Militärverwaltung räumen. Herr Dr. Muneles, der sofort nach Mimoň fuhr, berichtete, er hätte Bücher aus Österreich und ein gesamtes Archiv aus Holland vorgefunden. Die Bestände der Yvo seien bereits teilweise am Hofe herumgelegen. Seinem sofortigen Einschreiten ist es zu verdanken, dass der Rat der Kultusgemeinden einige Räume bei der nahen Dorfverwaltung mietete und alle Bestände dortselbst vorläufig einlagerte.«[27]

In den folgenden Tagen verpackte Schek die noch im Schloss verbliebenen Bücher, um danach die Arbeit im Schloss Houska weiterzuführen und auch von dort Bücher nach Prag zu schicken. Scholem schrieb er:

»Ausser dem was Herr Dr. Bergmann in seiner Liste nach seinem Besuche angeführt hat, wurden noch große Bestände in jiddischer Sprache aufgefunden. Es handelt sich um Belletrie [sic], Übersetzungen aus allgemeiner Philosophie, jüdische Wissenschaft und Originale jiddischer Dichter. Soweit ich bei der Verladung bei Stichproben feststellen konnte, sind es meist polnische, aber auch amerikanische und sogar sowjetrussische Drucke. Ich erwarte umgehend Ihre Instruktionen diese Büchergruppe betreffend.«[28]

Scholems Antwort ließ nicht lange auf sich warten:

»Zu Ihrer Anfrage über die jiddischen Bücher bitte ich Sie von folgender Instruktion Kenntnis zu nehmen. Sämtliche jiddischen Bücher aus Polen, Rumänien und Sowjetrussland sind herzuschicken (falls nicht etwa die Exemplare zerrissen und ganz minderwertig sind), die aus Amerika hingegen nicht.«[29]

Scholem agierte offenbar zurückhaltend im Umgang mit Büchern, die amerikanische Verlagsorte aufwiesen – worin sich seine Erfahrungen in Offenbach wie auch seine Verpflichtung gegenüber der Commission und der Respekt vor der Library of Congress spiegelten. Dagegen sah er in den Monaten, in denen in der Tschechoslowakei politisches Chaos herrschte, keinen Grund, Bücher, die in Verlagen im östlichen Europa erschienen waren, nicht nach Jerusalem zu schicken; wohl auch vor dem Hintergrund der zunehmenden Spannungen zwischen den Blöcken und ihrer Auswirkungen auf die amerikanische Restitutionspolitik, die ausschloss, Kulturgüter an die von der Sowjetunion besetzten baltischen Staaten zu restituieren.

Scheks Schilderung ist zu entnehmen, dass die Zusammensetzung der Bücherbestände in Houska kein Geheimnis war. Aufgrund der hohen Zahl jiddischer Bücher liegt die

Vermutung nahe, dass jene Bestände aus Wilna stammten, dem ehemaligen Gravitationszentrum der jiddischistischen Intelligenz und Zentrum jüdischer Verlage und Druckereien. Auch darf angenommen werden, dass es sich um YIVO-Bestände handelte. Die Bibliothek des Instituts hatte sich einst durch ihre Vielfalt ausgezeichnet. Sie enthielt Bücher aus sämtlichen Zentren der jiddischen Sprache und Kultur, aus dem Gebiet der österreichisch-ungarischen Doppelmonarchie, aus Polen, dem russischen Kaiserreich beziehungsweise der Sowjetunion sowie aus den Vereinigten Staaten. Die YIVO-Bestände in Mimoň – und, wie wir von Hugo Bergmann und anderen wissen, weiteren nordböhmischen Schlössern – besaßen Weinreichs Angaben zufolge oft keine Besitzvermerke. Aber noch in anderer Hinsicht bildeten sie eine Ausnahme: Diese Bestände in der Tschechoslowakei stammten als einzige aus Ländern, die beim Überfall Deutschlands auf die Sowjetunion besetzt wurden; dagegen wurden die übrigen Bestände in Mittel- und Westeuropa (einschließlich der annektierten oder besetzten Teile Polens) geraubt.

Fest steht jedenfalls, dass jiddische Bücherbestände und die Zeitungssammlung nach Prag überführt und dort von Schek unter Zeitdruck für den Weitertransport nach Jerusalem verpackt wurden:

»Die größte Herausforderung war, die Registrierung und Katalogisierung der Bücher zu verhindern, den Begriff ›Dubletten‹ zu klären und zu versuchen, das ganze Eigentum in die Universität zu überführen. [...] Die Reihenfolge des Einpackens habe ich folgendermassen festgelegt: a) Hebräische Literatur; b) Judaica und jüdische [jiddische] Literatur; c) Zeitungen; d) Lexikalia und Allgemeines [...]. Als die Anweisung von Prof. Scholem kam, Bücher für die Seminarbibliotheken zu bringen, begannen wir auch jene Bücher einzupacken, die zunächst aus dem Versandgut herausgenommen wurden.«[30]

In jener Zeit interessierten sich weltweit mehrere wissenschaftliche Institute stark für jiddische Bücher und rangen miteinander um das Recht, das Erbe der jiddischen Kulturgüter anzutreten. Die Hebräische Universität setzte sich zum Ziel, nicht nur die Bücher- und Zeitungssammlung, darunter die in jiddischer Sprache, sondern auch Archivbestände jüdischer Gemeinden und Institutionen nach Jerusalem zu bringen. Schek ließ wissen, dass in den Schlössern auch »zahlreiche« Archive gefunden worden seien, und er entwarf einen Plan, um sie für die Hebräische Universität zu gewinnen. Nach seiner Rückkehr nach Jerusalem fasste er zusammen:

»Ein Archiv YVO-Amerika, statistisches und ethnografisches Material über das osteuropäische Judentum enthaltend, befindet sich in einem Lager des Städtchens Niemes [Mimoň] in Nordböhmen. Professor Bergmann, von dem ich die *Schlichut* [Vertretung] für die Universität übernommen habe, bemühte sich schon seinerzeit, dieses Archiv für Palästina zu gewinnen. Die YVO reklamiert es aber auch weiterhin für sich, ohne sich jedoch praktisch um das Material zu kümmern. Dieses Archiv ist auf Kosten des Rates der jüdischen Kultusgemeinde eingelagert und Herr Dr. Muneles und Frau Dr. Volavková aus dem Jüdischen Museum wissen darüber Bescheid. Wenn sich auch weiter die YVO um das Material nicht kümmern sollte, könnte man noch einmal versuchen, es für uns zu gewinnen.«[31]

Die Gesandten der Otzrot Hagolah, Arthur Bergmann und Zeev Schek, versuchten also, das YIVO-Archiv und seine Zeitungssammlung nach Jerusalem zu bringen. Aufgrund logistischer Schwierigkeiten und der Hürden tschechoslowakischer Bürokratie entfernte sich das YIVO derweil immer mehr von seinem Ziel. Das Jerusalemer Komitee wartete nur darauf, dass die Leitung des YIVO ihre Bestrebungen aufgeben würde. Je länger es dem YIVO nicht gelang, seine Bestände aus der Tschechoslowakei herauszuholen, desto mehr nahmen davon abweichende Pläne Gestalt an.

Die letzte Station von Pomrenzes Mission war Jerusalem, wo er sich mit dem Ziel, die Restitution aus der Tschechoslowakei zu beschleunigen, mit Vertretern von Otzrot Hagolah treffen wollte:

> »Möglicherweise werde ich in Palästina mit Dr. Bergmann oder anderen reden, die sich um die Bücher kümmern, und es so arrangieren, dass, wenn in dem Teil der Bücher, die sie für sich nehmen, Bücher des YIVO auftauchen sollten, sie diese Ihnen schicken und Sie dann dasselbe tun werden.«[32]

Mitte August 1947 kontaktierte er die Universität und bat um ein Treffen mit David Werner Senator. Scholem erhielt Nachricht über den »amerikanischen Gast, der Information über die Bücher in Deutschland und in der Tschechoslowakei hat«, und versuchte ihn für die Belange der Otzrot Hagolah zu rekrutieren. Pomrenze lehnte dies aber mit Hinweis auf seine private Situation ab: Er wollte nicht für die Hebräische Universität nach Deutschland zurückkehren.

Beim YIVO schien man sich der Tragweite des Scheiterns noch nicht bewusst zu sein. Im Sommer 1947 dankte Weinreich dem State Department für die Unterstützung und wies darauf hin, dass das YIVO die »Operation Offenbach« vertraulich behandle, da ein Bekanntwerden die Chancen auf Restitution aus der Tschechoslowakei gefährde. Auch ein Jahr danach hoffte er noch auf Fortschritte in Prag. Ende November traf Senator mit Weinreich in New York zusammen und berichtete darüber dem State Department:

> »Obwohl die Hebräische Universität in einem guten Verhältnis zur tschechoslowakischen Regierung steht, wurde

bisher nichts entnommen, weil die tschechoslowakische Regierung eine Vorauszahlung von 5000 Pfund verlangt. Was das Eigentum des YIVO anbetrifft, hat Dr. Weinreich einen Bericht vom August dieses Jahres vorgelegt, wonach das Eigentum noch immer in Mimoň liegt, und der zusätzlich zu den gebundenen Zeitungen und Zeitschriften eine große Sammlung von Archivmaterialien der Sektionen für Folkloristik und Wirtschaft des YIVO erwähnt.«[33]

Indem er die Verzögerung bei der Freigabe der Bücher in Prag mit der – kategorisch zurückgewiesenen – Kompensationsforderung der tschechoslowakischen Behörden erklärte, zeichnete Senator ein verzerrtes Bild der Realität. Die erste Büchersendung hatte Prag bereits im April 1948 verlassen, also einen Monat, bevor die Forderung erhoben wurde. Und obwohl die geforderte Ausfuhrgebühr während Scheks Mission nicht gezahlt wurde, kam es zu erneuten Freigaben und im Oktober desselben Jahres zu einer weiteren Ausfuhr. Gerade in jenen Monaten gab es in der Tschechoslowakei also substanzielle Fortschritte bei der Herausgabe von Beständen an die Jerusalemer Universität. Senator zitierte Weinreich gegenüber »ausgewählte Passagen« aus Scheks vertraulichem Bericht vom September 1948, ohne die Entnahme der Zeitungssammlung aus dem Schloss Mimoň zu erwähnen. Nach dem Treffen setzte sich beim YIVO die Einsicht durch, dass in der Tschechoslowakei nur ein direkter Vermittler aus Palästina/Israel Erfolgschancen haben könne, da das YIVO als amerikanisches Institut wahrgenommen würde. Gleichzeitig wandte sich Senator an die Friends of the Hebrew University in New York:

»Ich traf Dr. Weinreich […]. Er besuchte mich im Zusammenhang mit dem Schicksal der Bücher des Instituts in der Tschechoslowakei. […] Ich sagte Dr. W., wir seien selbstverständlich bereit, auf jede mögliche Art zu helfen, doch unser Vertreter habe Prag bereits verlassen. Möglicherweise werden wir jedoch Wege und Mittel finden, um an aktuelle Informationen zu gelangen [...]. Es ist Ihnen vielleicht bekannt, dass Dr. W. hier als möglicher Kandidat für den Lehrstuhl für Jiddisch genannt wurde [...]. Ich wäre froh, wenn Sie diskret an Informationen gelangen könnten. Bei dem Gespräch mit Dr. W. hatte ich den Eindruck, dass das Institut nichts dagegen hätte, seinen Sitz nach Palästina zu verlegen, doch das mag ein Fehlschluss sein. Da die Angelegenheit mit dem Lehrstuhl und die Möglichkeit, dass er sich zu einer Abteilung entwickelt, für uns von Interesse ist, frage ich mich, ob Sie mir dazu etwas konkretere Informationen beschaffen könnten.«[34]

Senator war also nicht nur darauf bedacht, die Entwicklungen in der Tschechoslowakei vertraulich zu behandeln, er sah auch eine einzigartige Gelegenheit für einen Vorgang gekommen, der über die Restitution hinausging: Anfang 1948 wurde die mögliche Kandidatur Weinreichs für einen neuen Lehrstuhl für Jiddische Sprache und Literatur an der Hebräischen Universität diskutiert. Die Mitglieder der Otzrot Hagolah unter Führung Senators hofften, dass Weinreich auf diesem Wege auch die YIVO-Sammlungen nach Jerusalem bringen würde. Die seitens des Universitätsrektors und anderer geäußerten Befürchtungen im Zusammenhang mit dem Status der hebräischen Sprache an der Hebräischen Universität wies Senator entschieden zurück: »Ich teile Ihre Ansicht nicht, dass es nicht erstrebenswert wäre, das YWO nach Palästina zu transferieren. Es scheint mir, dass damit nicht die geringste Gefahr für uns oder für das Hebräische in Israel verbunden wäre. Wir sind heute stark genug, sämtliche wichtigen wissenschaftlichen Forschungen zur jüdischen Kultur in Israel zu konzentrieren.«[35] Weinreich zog das Angebot in Betracht, setzte seine Suche nach Beständen für das YIVO New York aber dennoch fort. Und obgleich die israelische Delegation vordergründig bereit war, die Sache zu unterstützen, versuchten die Gesandten in Wirklichkeit, die Bestände nach Jerusalem zu bringen, wie etwa aus einem Brief von Schek vom Februar 1949 hervorgeht, der zu jenem Zeitpunkt in der Osteuropaabteilung des israelischen Außenministeriums arbeitete:

> »Vielleicht können Sie noch in den hier beigefügten YVO-Kopien in der Sache nachsehen. Wie Ihnen bekannt ist, sind die Informationen im Memorandum unbelegt. Wir haben dem YVO aus Prag zwei Briefe geschickt und darauf aufmerksam gemacht, dass der Transfer des Materials ausschließlich von der Bereitstellung finanzieller Mittel abhängt und direkt bei der Regierung erwirkt werden muss. Das Museum hat zudem den Transfer vom Schloss ›Mimoň‹ in einen kleinen Lagerraum am selben Ort bekanntgegeben. Das Institut hat nicht reagiert und möchte offenbar, dass die Gesandtschaft sich darum kümmert und auch die Ausgaben übernimmt. Ich habe mich der Sache angenommen und schlage Folgendes vor: Die Gesandtschaft kümmert sich um den Transfer – aber nach Israel. Ansonsten sollen Sie sich darum kümmern, gemäß den Angeboten, die Ihnen vorgelegt wurden.«[36]

Hätte das YIVO Informationen über die Entnahme von Beständen aus Mimoň erhalten oder Kenntnis von der Zahlung, die für deren Transfer nach Amerika verlangt wurde, hätte Weinreich vielleicht entsprechend reagiert, jedenfalls vermutlich nicht dazu geschwiegen. Die von Schek behauptete Passivität des YIVO ist völlig untypisch für die jahrelangen Restitutionsbemühungen des Instituts. Bislang wurden weder in den Dokumenten des YIVO noch in denen seiner Vertreter Anhaltspunkte für die Existenz der von Schek erwähnten Briefe gefunden. Wenn sie also überhaupt verschickt wurden, ist anzunehmen, dass sie ihren Adressaten nicht erreichten. Abgesehen davon, was mit den von Schek erwähnten »Kopien« und »unbelegten Informationen« gemeint ist, stellen sich noch weitere Fragen: Wann und von wem wurden die Briefe an das YIVO geschrieben? In welchem Maße waren israelische Diplomaten an den Bemühungen um einen Transfer nach Israel beteiligt? Und welche Rolle spielten staatliche Stellen nach der Gründung des Staates Israel generell bei den Aktivitäten der Universität in Prag?

Inzwischen entwickelten sich die Aktivitäten in Prag ganz und gar nicht im Sinne von Schek und Scholem. Muneles und der damalige Vertreter der Hebräischen Universität Karel Abraham Fischer sollten mit der israelischen diplomatischen Vertretung zusammenarbeiten, um die restlichen Bestände herauszuholen. Doch konnten sie diese Erwartung nicht erfüllen. Wie sich zeigte, schreckte Muneles angesichts der politischen Entwicklungen in der Tschechoslowakei davor zurück, die Universität zu unterstützen. Die Ermutigungen und die schriftlichen Handlungsanweisungen der israelischen Vertretung bewirkten nichts und Fischer erklärte, er sei nicht in der Lage, die Operation ohne die Unterstützung von Muneles durchzuführen. Er schlug vor, Folgendes gemeinsam zu versenden: »Die Seligmann[-Sammlung], die verbliebenen Bücherbestände in den Schlössern und in Terezín (die wirklichen und die deklarierten) sowie 7 Kisten, alle möglichen Archivmaterialien. Was die Bücher in den Schlössern anbetrifft, erhalten wir möglicherweise eine Ausfuhrgenehmigung.«[37] Doch Schek antwortete ihm mit einer Planänderung:

»Kann sein, dass wir wenigstens den wertvollen Teil der verbliebenen Bestände herausholen und insgeheim in die Vertretung bringen müssen [...]. Ich dachte an eine private Fahrt nach Prag im Sommer, bei der ich dann bestimmt versuchen könnte, auch etwas in dieser Sache zu tun. [...] Die Schwierigkeit liegt in der Gefahr der Korrespondenz im Kreis der Eingeweihten in den illegalen Transfer. Bei den derzeitigen Bedingungen in der Tschechoslowakei und angesichts der zu befürchtenden weiteren

Verschlechterung der Lage ist nicht davon auszugehen, dass wir auf dem ursprünglichen offiziellen Wege etwas erreicht hätten.«[38]

Die Mitglieder des Komitees für die Rettung der Schätze der Diaspora und in Verbindung mit ihnen die offiziellen Vertreter des Staates Israel gaben die jüdischen Sammlungen nicht auf. Weiterhin versuchten sie in Prag mit illegalen Mitteln, den Transfer verbliebener Bestände, darunter die Zeitungssammlung des YIVO, nach Israel zu erwirken. Im Sommer 1949 hielt sich Scholem besuchsweise in Prag auf und traf dort Vorbereitungen für den Transfer von Büchern nach Israel gemäß dem neuen Plan. Dabei erwies sich der Kontakt zu Volavková und Muneles respektive deren Funktion unverändert als entscheidend für das Vorhaben und die Hebräische Universität unternahm alles in ihrer Macht Stehende, um deren Unterstützung zu gewinnen:

»Wenn es tatsächlich zu der Verstaatlichung kommt [...], besteht die Möglichkeit, dass wir mithilfe von Dr. Muneles und Dr. Volavková von der Regierung [die Erlaubnis] erhalten [...], dass ein Teil der Bestände nach Israel transferiert wird. [...] Es wäre gut, wenn Dr. Muneles und Frau Dr. Volavková in Prag bleiben könnten, solange dieses Unternehmen noch nicht abgeschlossen ist. Danach wäre ihnen zu ermöglichen, ihre Fähigkeiten auf ihrem Gebiet in unserem Land zu zeigen. [...] Einstweilen schicken wir Dr. Muneles einen privaten Brief, bedanken uns für seine Hilfe und bekräftigen unser Versprechen, ihm die Ausreise nach Israel zu ermöglichen, wenn er seine Arbeit in Prag abgeschlossen hat.«[39]

Die Universität versprach nicht nur, nach Vollendung ihrer Mission in Prag für die Zukunft der beiden in Israel zu sorgen, sondern schickte ihnen auch Dankesbriefe sowie Zigaretten und Tabak.

Der Transfer von Büchern nach Jerusalem erfolgte nun auf einem neuen Weg: Die Vertretung schickte mit der Diplomatenpost kleine Pakete mit einzelnen besonders wertvollen Büchern. Dieser Versandweg war von großer Anspannung begleitet, besonders wenn vermutet wurde, dass eine Buchsendung verloren gegangen war. Die bevorzugte Methode war der Buchschmuggel in größerem Umfang im Diplomatengepäck der Mitglieder der israelischen Vertretung. Schek bemerkte dazu:

»Solange kein Mitarbeiter aus Prag zurückkommt, fällt der Transfer in größerem Umfang außer Betracht, da der normalen Post nur wenige Bücher mitgegeben werden können [...]. Ich bitte, den Inhalt dieses Schreibens vertraulich zu behandeln und keine Details zu dieser Transferart weiterzugeben.«[40]

Dass die Zeitungssammlung und das Archiv des YIVO auf diesem Weg nach Jerusalem überführt wurden, ist insofern unwahrscheinlich, als dieses Material angesichts seines relativ geringen Werts und des großen Umfangs verglichen mit den wertvollen Sammlungen und Unikaten niedrige Priorität besessen haben dürfte. Andererseits lassen sich die damaligen Absichten der Hebräischen Universität im Hinblick auf die Sammlungen und das YIVO im Allgemeinen, die Senator in seinem Tagebuch nach einer Begegnung mit Weinreich vermutlich im Oktober 1949 reflektierte, weder ignorieren noch verleugnen:

»Im Jüdischen Wissenschaftlichen Institut traf ich [...] Herrn Weinreich, dem einmal der Lehrstuhl für Jiddisch angeboten wurde. Diese Angelegenheit wurde nicht erwähnt. [...] Ihre Bücher und Archive in der Tschechoslowakei sind immer noch dort. Sie haben die guten Beziehungen zu unserer Bibliothek betont. Einige Teile ihrer Bibliothek sind wertvoll, aber Professor Scholem kann die Situation bestimmt viel besser beurteilen als ich. Ich glaube noch immer, dass die Zeit kommen wird, in nicht allzu ferner Zukunft, in der wir den Transfer des Instituts an die Universität werden erwägen können. Doch das ist Zukunftsmusik.«[41]

Das YIVO war zu keiner Zeit auf eine Operation zur Restitution der Bestände aus der Tschechoslowakei vorbereitet. Die Tatsache, dass die Institutsleitung glaubte, die Bestände in den Schlössern seien dem Landwirtschaftsministerium unterstellt und deshalb leicht zu bekommen, war bestimmt nicht hilfreich, genauso wenig wie die Abhängigkeit von den Gesandten aus Jerusalem. Sein politisches Gewicht, das sich im Umgang mit den amerikanischen Behörden als nützlich erwies und zu der erfolgreichen Restitution aus Offenbach beigetragen hatte, stellte sich nun als nachteilig heraus. Die zunehmende Dominanz kommunistischer Kräfte in der Tschechoslowakei und der schwindende amerikanische Einfluss – die tschechoslowakische Regierung lehnte den Beitritt zum Marshallplan ab – wirkten sich direkt auf den Status des New Yorker YIVO aus, dessen Handlungsspielraum wie jener der JCR eingeschränkt blieb. Als günstig erwies sich die Entwicklung für die Otzrot Hagolah, die die politischen Entwicklungen in der Tschechoslowakei korrekt einordnete und scheinbar selbstständig ohne amerikanische Unterstützung handelte. Ihre Vertreter gingen immer kühner vor, sowohl gegenüber hohen Regierungsstellen als auch gegenüber lokalen Behördenvertretern, manchmal jenseits des Legalen mithilfe von Bestechung und unter Ausnutzung des politischen Chaos des Machtübergangs.

So gelang es Schek mit Finanzierung durch den Joint und mit Unterstützung der JCR, zwei Transporte aus Prag herauszubringen. Am 26. April 1948 erfolgte der erste nach Paris und von dort nach Antwerpen. Er umfasste die in Kisten verpackten Bestände der Schlösser, die zum Teil heimlich durch 34 Kisten mit wertvollen Büchern aus Terezín ausgetauscht worden waren. Bei der Abreise aus Prag hinterließ Schek genaue Anweisungen für den zweiten Transport, der am 19. Oktober ebenfalls nach Antwerpen erfolgte. Laut seinem Bericht waren noch ca. 10 000 Bände aus Terezín für einen dritten Transport übrig. Die Zahl der Bände, die in Jerusalem ankamen, ist schwer zu schätzen, da die Berichte widersprüchliche Angaben liefern (mal ist von 40 000, mal von 70 000 Bänden die Rede). Fest steht jedenfalls, dass im Januar 1950 mithilfe des Joint und von ihm finanziert 140 Kisten mit Büchersammlungen Antwerpen in Richtung Jerusalem verließen, wo sie bis heute bewahrt werden.

In der Zwischenzeit hoffte das YIVO weiterhin auf die Restitution der Bestände aus der Tschechoslowakei und hielt die Information über die erfolgreiche Restitution aus Offenbach zurück, bis im März 1951 niemand mehr an eine reale Chance der Restitution glaubte und man die Bestände aus den Augen verlor: Nachdem das tschechoslowakische Militär die Räumung des Schlosses Mimoň bis März 1948 angeordnet hatte, wurde ein Großteil der dortigen Bestände bis November 1947 dem Rat der jüdischen Kultusgemeinden übergeben, der sie im Jüdischen Museum in Prag einlagerte. Im Schloss Mimoň oder in benachbarten Schlössern verbliebene Bestände in der Zuständigkeit der National- und Universitätsbibliothek in Prag wurden unter deren Aufsicht nach Houska verlegt. Zudem ist bekannt, dass noch bis 1950 Bestände aus den Schlössern nach Prag gebracht wurden. In Mimoň war nichts übrig geblieben, weder im Schloss noch im Lagerraum. Und die Zeitungssammlung? Ihr letzter mit Sicherheit bekannter Aufbewahrungsort war bis zum Sommer 1948 der Lagerraum in Mimoň; von dort gelangte sie an einen unbekannten Ort. Möglicherweise wurde sie irgendwann verstaatlicht und dem Jüdischen Museum oder der National- und Universitätsbibliothek in Prag übergeben – oder von den tschechoslowakischen Behörden verkauft oder anderweitig verwendet. Die Wahrscheinlichkeit, dass sich diese Sammlung komplett in

Jerusalem befindet, ist als gering einzustufen. Dennoch sind vielleicht kleine Teile davon nach Jerusalem verbracht worden, entweder in den Kisten von Bergmann (laut der Aussage von Hana Volavková) oder durch israelische Diplomaten. Dagegen gibt es Grund zur Annahme, dass sich die jiddischen Bücher aus Houska, die offenbar ursprünglich aus Wilna stammten und möglicherweise sogar Eigentum des YIVO waren, heute in Jerusalem befinden. So bleibt der Fall der in der Tschechoslowakei aufgetauchten YIVO-Bestände bis heute teilweise im Dunkeln.

## Epilog: New York / Jerusalem

Wie es uraltem Weizen
wieder zu blühen gelang,
also nähren die Wörter,
also gehören die Wörter
dem Volk bei seinem ewigen Gang.

*Abraham Sutzkever, Weizenkörner*[1]

Der enorme Einsatz angesichts des auf persönlicher und institutioneller Ebene als unerträglich empfundenen Verlusts sowie die Leidenschaft, die Kulturschätze zurückzugewinnen, durchwirken die zahlreichen Dokumente, die den Kampf des YIVO um Restitution begleiten. Abgesehen vom Versuch, das Institut durch die Rückgewinnung der Sammlungen zu alter Größe zurückzuführen, verbarg sich hinter der Initiative auch die Verantwortung gegenüber der gesamten Wissenschaftsgemeinde und der jüdischen Gemeinschaft Amerikas, aber vor allem das Engagement gegenüber dem »Jiddischland«, dem untergegangenen osteuropäischen Judentum. In den vorangehenden Kapiteln wurde eine Geschichte detailliert ausgeleuchtet, die sich in der Anfangszeit des Kalten Krieges parallel an zwei Schauplätzen abspielte. Doch während sie an einem Schauplatz mit ungeahntem Erfolg endete, hallt der Misserfolg am anderen bis heute nach. Das Kapitel über die »Operation Offenbach« legt die innere Welt des YIVO und die Auseinandersetzung seiner Mitglieder mit der Katastrophe und dem Wiederaufbau frei. Ein jüdisches Institut, das durch brutalste Gewalt von seinem Standort vertrieben wurde und sein Eigentum allen Widrigkeiten zum Trotz retten konnte, wird zum Testfall für die Restitution im westlichen Machtbereich. Mit der Rückübereignung hoffte es auf Wiederherstellung des Vergangenen, seiner Position, seines Status und Einflusses in der jüdischen Welt. Im sowjetischen Einflussbereich hingegen endeten die Bemühungen des YIVO mit großer Ernüchterung. Dahinter verbergen sich Spannungen und ein erbitterter Machtkampf zwischen den neuen Brennpunkten des jüdischen Lebens nach der Shoah. Dieser Kampf beleuchtet das Thema Restitution aus einer breiten geopolitisch-kulturellen Perspektive und stellt das YIVO in den weltweiten jüdischen Kontext. Während der phänomenale Erfolg in Offenbach die glanzvolle Vergangenheit des YIVO als internationales jiddischistisches Institut in Wilna reflektierte, war das Scheitern in der Tschechoslowakei gleichsam ein Vorbote seines späteren Bedeutungsrückgangs in den Vereinigten Staaten.

Die neuen Mittelpunkte jüdischen Lebens nach dem Krieg, jener in Palästina/Israel und jener in den Vereinigten Staaten, betrachteten sich als Erben der jüdischen Gemeinschaft in Europa. Die Rivalität zwischen dem YIVO mit Sitz in New York und der Hebräischen Universität in Jerusalem, die sich in der Restitution des YIVO-Eigentums widerspiegelt, hatte symbolische Bedeutung und reflektiert die wachsende historisch bedingte Spannung zwischen beiden Einrichtungen: Beide waren 1925 im Abstand von wenigen Monaten gegründet worden und obwohl sie jeweils an nationalen »Sammlungsbewegungen« teilhatten, repräsentierten sie scheinbar gegensätzliche Ansätze. Beide Institutionen verstanden sich als nationale jüdische Akademien in zwei geistigen Zentren der jüdischen Welt in der Zwischenkriegszeit, eines in Jerusalem auf dem Gebiet des britischen Palästinamandats und das andere im »Jerusalem des Nordens«. 1925 berichtete die Zeitung *Vilner Tog* über die Eröffnung der Hebräischen Universität in Jerusalem und warf die Frage auf, ob die Universität wirklich das geistige Zentrum des jüdischen Volkes auf der ganzen Welt sein könne, was umgehend verneint wird. »Wir brauchen eine jiddische Universität, solange wir ein jüdisches Volk sind [...] und die Hebraisten nur eine fanatisch-blinde Sekte unter uns. [...] Es ist genau wie mit der übrigen geistigen Tätigkeit im zionistischen Palästina: Sie ist vom ganzen Volk abgetrennt und befruchtet sein Schaffen nicht.«[2] Auf der doppelten Bedeutung des jiddischen Adjektivs *yidish* (jiddisch/jüdisch) aufbauend, schufen die Anhänger des YIVO eine komplette Kongruenz zwischen dem Jiddischen und dem Jüdischen. Etwa ein Jahrzehnt nach der Veröffentlichung des Beitrags im *Vilner Tog* schilderte Simon Dubnow den »kulturellen Dualismus« der Forschung in hebräischer und in jiddischer Sprache an der Hebräischen Universität beziehungsweise am YIVO. Die Hebräische Universität verstand sich nach Auffassung ihrer Exponenten als Vertreterin des jüdischen Volkes – in ihrer Funktion als erste jüdische akademische Institution und weltweit einzigartiges geistiges jüdisches Zentrum im kulturzionistischen Sinne von Achad Ha'am, als Institution, die für die »Nation« errichtet wurde, als diese kein Territorium hatte, und auch als Symbol zionistisch-nationaler Renaissance. Die National- und Universitätsbibliothek war in ihren Augen ein Zentrum für die Sammlung des Kulturgutes aller – zionistischen und nicht zionistischen – Teile des jüdischen Volkes in Palästina und der Diaspora. Es kommt also nicht von ungefähr, dass die Leitung dieser Universität nach der Shoah zur Rettung des verbliebenen jüdischen Kulturgutes in Europa aufrief und die Verbringung nach Jerusalem forderte. Diese Haltung löste jedoch auch Verwunderung aus, etwa bei Sir Leon Simon, dem Vorsitzenden des Kuratoriums und des Exekutivkomitees der Universität, der an Gershom Scholem die Frage richtete:

> »Müssen wir wirklich fordern, dass alle in Europa verbliebenen Bücher nach Jerusalem gebracht werden, ohne Rücksicht auf deren Inhalt? [...] Mir scheint, Sie gehen a priori davon aus, dass jedes in Europa verbliebene jüdische Buch hergebracht werden muss, gleichgültig ob wertvoll, von wirklichem Interesse oder nicht – ich wundere mich über diesen Standpunkt.«[3]

Abgesehen von der Stärkung des jungen geistigen jüdischen Zentrums in Palästina ging es Scholem und seinen Weggefährten auch um die rechtliche und historische Legitimität der Universität als Erbin jener Kulturgüter einschließlich des YIVO-Eigentums, das sie für die jüdische Gemeinschaft in Palästina/Israel beanspruchten. Das Interesse am YIVO und seinen Sammlungen bestand schon vor dem Krieg. So schrieb der akademische Sekretär der Hebräischen Universität, Ari Ibn-Zahav, 1937 nach einer dienstlichen Osteuropareise über die Lage in Wilna sowie über das YIVO und seine Sammlungen:

> »Man erhält hier einen jämmerlichen Eindruck. Die Lage in Wilna ist sehr schlecht; die Jiddischisten werben Mitglieder für das YIVO [...]. Ich habe auch das YIVO besucht. Der Leiter spricht ein makelloses Hebräisch, und die Leute dort leisten gute Arbeit. Sie haben interessante Sammlungen über die Epoche der Aufklärung und auch über den Zionismus.«[4]

Wie gezeigt wurde, erhielt das Interesse an den YIVO-Beständen ein ganz anderes Gewicht, als die Gesandten der Otzrot Hagolah versuchten, die nach der Shoah in der Tschechoslowakei aufgetauchten Sammlungen nach Jerusalem zu bringen. Die Überführung der Archive dorthin war Teil eines nationalen Projekts der Sammlung der »Verjagten Israels«, Sinnbild für die Sammlung der diasporischen jüdischen Vergangenheit: gleichsam zu bergende archäologische Schichten, ähnlich den »verdorrten Gebeinen« in der Vision des Propheten Ezechiel (37,1–14). Diese Anschauung erklärte die Diaspora für beendet und demonstrierte Geringschätzung gegenüber der jüdischen Existenz außerhalb Israels. Die Sammlung der »verdorrten Gebeine« war gewissermaßen ein Ersatz für die Einwanderung in das Land der Vorväter, die den meisten Juden verwehrt geblieben war – weil sie ermordet wurden oder aus anderen Gründen. Von der eschatologischen Vision abgesehen, erfüllten die Archive aus der Diaspora eine wichtige Funktion beim Aufbau des Nationalstaates, indem sie einen wesentlichen Bestandteil der nationalen Archive in Israel ausmachten. In dieser Hinsicht war das YIVO mit seinen Archiven und zahlreichen Dokumenten der jüdischen Gemeinden als Vertreter des osteuropäischen Judentums ein nicht zu übersehender Akteur.

Ganz anders die amerikanische Perspektive: Nachdem Salo Baron, der Vorsitzende der JCR, zuerst für die Neuerrichtung der jüdischen Gemeinden auf europäischem Boden plädiert hatte, schien er seine Meinung gegen Ende 1946 zu ändern. Nunmehr vertrat er den Standpunkt, dass die Zukunft der Gemeinden in Europa unsicher und deshalb der erbenlose Kulturbesitz an jüdische Institutionen in den Vereinigten Staaten und in Palästina zu überführen sei. Was die in Europa verbliebenen Gemeinden betrifft, beschloss die JCR nach Konsultation der amerikanischen Regierung, dass solche in Staaten mit antisemitischen Tendenzen nur einen kleinen Teil ihres Besitzes zurückerhalten sollten. Als anerkannte Treuhänderin des gesamten jüdischen Volkes unterstützte die JCR (in all ihren Organisationsformen) die jüdische Gemeinschaft in Palästina und sprach sich für die Stärkung des jungen Staates Israel und dessen Unabhängigkeit aus. Ihre Förderung der Hebräischen Universität verbunden mit der Aussicht, YIVO-Bestände auch nach Jerusalem zu bringen, verstärkten die Spannungen zwischen der JCR und dem YIVO, wobei Letzteres alles in seiner Macht Stehende unternahm, um proamerikanische jüdische Persönlichkeiten und Institutionen für die politische Einflussnahme zu seinen Gunsten zu gewinnen. Einer von ihnen war Theodor Gaster, Bibliothekar der Library of Congress und selbst Mitglied der JCR. Er machte im Herbst 1945 folgende klare Aussage:

»Die Bibliothek der Hebräischen Universität, unabhängig davon, wie sie sich selbst nennt, ist faktisch nicht die Nationalbibliothek der Juden, da es keinen jüdischen Staat in Palästina gibt. Sie ist gerade einmal eine jüdische Institution in Palästina, genau wie jede entsprechende Institution hier. Würde man sie bevorzugt behandeln, käme das der Diskriminierung entsprechender Institutionen hierzulande oder an jedem anderen Ort gleich und würde angesichts der Tatsache, dass das Material von den amerikanischen Streitkräften befreit wurde, hier besonders auf Unverständnis stoßen.«[5]

In jenen Monaten rief das American Jewish Committee dazu auf, den jüdischen Kulturbesitz unter den Gemeinden auf der ganzen Welt zu verteilen, ohne Bevorzugung der Gemeinschaft in Palästina. Das Committee, dem die jüdische Öffentlichkeit zunächst gleiches Gewicht wie den zionistischen Organisationen beimaß, handelte nach dem Motto »Amerika ist unser Palästina, Washington unser Jerusalem«. Doch nach der Shoah wurde das Verhältnis zum Zionismus freundlicher. Das dringende Bedürfnis nach einer Lösung für die Shoah-Überlebenden beziehungsweise jüdischen Flüchtlinge führte dazu, dass die Gründung eines jüdischen Staates in Palästina nunmehr Unterstützung fand. Aus einer antizionistischen Organisation wurde allenfalls eine nicht zionistische. Bei aller Befürwortung der Gründung des Staates Israel behielt das Wohl der jüdischen Gemeinschaft in Amerika für sie jedenfalls weiterhin oberste Priorität. Dass Max Weinreich die Organisation für den Kampf des YIVO einspannte, zeigt, welchen Status er Amerika dabei einräumte. Nach seiner Auffassung war die Zeit für die Vereinigten Staaten gekommen, die Führungsrolle im jüdischen Leben zu übernehmen, nachdem sie im Vergleich mit seiner früheren Heimat in Osteuropa jahrzehntelang nur ein Nebenschauplatz gewesen waren. Sein Standpunkt stützte sich auf objektive Fakten, die ein anbrechendes Goldenes Zeitalter des amerikanischen Judentums begründeten: Abgesehen von der Tatsache, dass sich die größte jüdische Bevölkerungs-

Abb. 10: Begutachtung von Büchern und Dokumenten aus Wilna durch Mitglieder des YIVO New York, 1947. © YIVO Institute for Jewish Research, New York/Alexander Archer.

konzentration nun in den Vereinigten Staaten befand (besonders in New York), prosperierte sie auch wirtschaftlich. Die jüdische Philanthropie in Amerika blühte auf und die Bedeutung der Synagoge als Institution im dortigen Leben nahm zu. Die amerikanischen Juden waren stolz auf die Rolle Amerikas bei der Bezwingung des nationalsozialistischen Deutschlands und beteiligten sich selbst immer stärker am politischen Leben in den Vereinigten Staaten und an deren politischer Führung (Abb. 10). Daneben spielte das amerikanische Judentum eine zentrale Rolle bei der Rehabilitierung der Shoah-Überlebenden und der Gewährung von Hilfen für die Gründung des Staates Israel und dessen Stärkung als stabiles Staatswesen.

Jeder der Beteiligten beurteilte die Ereignisse aus seiner historischen Perspektive und nach seiner Weltanschauung. Während Baron die Rehabilitierung der jüdischen Gemeinden in Europa 1946 noch für möglich hielt, hoffte Weinreich, dass das Judentum des »Jiddischland« in der jüdischen Gemeinschaft Amerikas weiterlebe, wenn nicht physisch, dann wenigstens im Geiste. Nach der Shoah stellte sich die Frage der Bedeutung und Rolle des YIVO mit besonderer Vehemenz. In den 1940er Jahren strebte das Institut nach einer Ausweitung seiner Tätigkeit und rief Wissenschaftler, unter ihnen Baron, zur Teilnahme auf. Dieser nahm dann tatsächlich an YIVO-Konferenzen teil, doch erschienen seine Beiträge nicht in den *YIVO Bleter,* genauso wenig wie Weinreichs Beiträge in den von Baron herausgegebenen *Jewish Social Studies.* In jener Zeit entbrannte unter den YIVO-Mitgliedern ein Richtungsstreit, der die Debatte innerhalb der Führung des amerikanischen Judentums über die Zukunft und das Selbstverständnis der Gemeinschaft in den Vereinigten Staaten veranschaulicht. Während die einen, angeführt von Weinreich, das Wilnaer Vermächtnis und Osteuropa – die Heimat des Jiddischen – in den Vordergrund stellten, wollten die anderen mit Publikationen in englischer Sprache die junge jüdische Generation in Amerika erreichen und für die Mitarbeit am YIVO gewinnen. Ab 1946 erschien das *YIVO Annual of Jewish Social Science* deshalb mit wissenschaftlichen Beiträgen in englischer Sprache. Nach jahrelanger Debatte über das Profil des YIVO und angesichts der unsicheren finanziellen Lage des Instituts und der ungewissen Beschäftigungssituation seiner Mitarbeiter gab Weinreich schließlich auf. 1950 trat er von seiner Funktion als wissenschaftlicher Leiter des YIVO zurück und wandte sich privaten Forschungsprojekten zu. Gleichzeitig erwog er, das Angebot eines Lehrstuhls für Jiddische Sprache und Literatur an der Hebräischen Universität anzunehmen. Mit Blick auf die Zukunft der jiddischen Sprache und Kultur in Amerika empfand er die Haltung des YIVO sehr enttäuschend.

Das YIVO konnte den Umstand, dass das jüdische Leben im östlichen Europa zu einem »Museumsobjekt wurde, dem man mit archäologischer Gleichgültigkeit begegnet und dabei trockene Tränen über Vergangenes vergießt«, nur schwer verkraften.[6] Die Institutsmitarbeiter empfanden Verantwortung für die Gegenwart und Zukunft des jüdischen Lebens in der neuen Heimat Amerika, fühlten sich aber gleichzeitig dem Vermächtnis der Vergangenheit verpflichtet. Angesichts der Amerikanisierung der jungen Generation, also der Nachkommen der Einwanderer, die sich zunehmend vom Jiddischen entfernten, griff Weinreich auf interdisziplinäre Mittel zurück, die er sich in den 1930er Jahren in Wilna zu eigen gemacht hatte. Nach seiner Auffassung war diese Generation, die sich in die Gesellschaft integrieren wollte, auf das Jiddische als zentrales Element ihrer jüdischen Zugehörigkeit angewiesen. In den 1940er Jahren schrieb das YIVO deshalb Autobiografie-Schreibwettbewerbe nach dem Wilnaer Vorbild aus, zur gleichen Zeit wurde parallel zu den englischsprachigen Publikationen das Standardisierungswerk der jiddischen Sprache weitergeführt. Das YIVO kaufte Sammlungen vom HIAS und vom American Jewish Committee und wurde zu einem Zentrum für die Erforschung der Geschichte des amerikanischen Judentums. Das Institut investierte in junge, aus Europa emigrierte lokale Forscherinnen und Forscher in der Hoffnung, eine neue Generation von Wissenschaftlerinnen und Wissenschaftlern für Jiddische Studien heranzubilden. YIVO-Mitglieder übernahmen Lehraufträge für Jiddisch-Unterricht, der damals an amerikanischen Colleges gefragt war. Auch Weinreich begann 1947 im City College of New York zu unterrichten. Zwei Jahre später gab sein Sohn Uriel Weinreich ein Lehrbuch für die jiddische Sprache heraus, das bis heute als Standardwerk für den jiddischen Sprachunterricht gilt; 1951 übernahm er den Lehrstuhl für die jiddische Sprache an der Columbia University. 1955 zog das YIVO – im eklatanten Gegensatz zur damals intern schwierigen Situation des Instituts – in ein vornehmes Gebäude an der Fifth Avenue in New York. Die Namensänderung von Yiddish Scientific Institute zu Institute for Jewish Research im selben Jahr demonstriert das abnehmende Engagement für das Jiddische. Veröffentlichungen des YIVO wurden immer seltener, eine Tendenz, die sich mit dem frühen Tod von Uriel Weinreich (1967) und dem Tod seines Vaters Max zwei Jahre später noch verstärken sollte.

Max Weinreichs Pionierwerk *Hitler's Professors. The Part of Scholarship in Germany's Crimes against the Jewish People* und die Forschungsarbeiten von Isaiah Trunk über das Ghetto Lodz und später auch über den Judenrat sowie der Anteil des YIVO an der Herausgabe der *Encyclopedia of the Holocaust* zeigen jedoch, dass das Institut eine Vorreiterrolle in der Shoah-Forschung einnahm und die Methoden und historiografischen Ansätze auf diesem Gebiet wesentlich mitgestaltet hat. Mehr noch, seine Ansätze der 1920er und 1930er Jahre prägten das gesamte Forschungsfeld des Osteuropäischen Judentums und seine Jugendforschungen in den 1930er Jahren rufen bis heute großes Interesse und Aufmerksamkeit hervor.

Der große Erfolg des YIVO bei der Restitution seines Eigentums aus Offenbach war in erster Linie das Verdienst Max Weinreichs, der bereits ab 1942 versucht hatte, die Sammlungen aufzuspüren. Die spätere Offenheit amerikanischer Regierungsstellen für Weinreichs Hauptargument, das YIVO habe als amerikanisches Institut den Anspruch auf Rückgabe seines Eigentums, vereinfachte das rechtliche Verfahren wesentlich. Das Interesse des State Department ist angesichts des mit politischen, kulturellen und wirtschaftlichen Vorteilen verbundenen Transfers von Kulturschätzen, die auch als gesamtgesellschaftliche Bereicherung empfunden wurden, offensichtlich. Dass die Library of Congress den Auftrag erhielt, die YIVO-Bestände zu beanspruchen und deren Freigabe zu erwirken, zeugt vom Sonderstatus des Instituts. Die Differenzen zwischen State Department und War Department deuten hingegen darauf hin, dass die YIVO-Frage im Rahmen der allgemeinen Debatte über das Schicksal des erbenlosen jüdischen Kulturbesitzes geprüft wurde. Doch trotz des Bestrebens, die Restitutionsfrage einheitlich zu behandeln, wurde beschlossen, das YIVO-Eigentum von den anderen jüdischen Beständen zu trennen und – dank Weinreichs Bemühungen und entgegen dem Standpunkt der JCR – nicht als »erbenlos« einzustufen. Noch bevor die amerikanischen Restitutionsverordnungen erlassen wurden, erhielt das YIVO die erreichbaren Teile seiner Sammlungen zurück. Damit war es die erste jüdische Organisation, die als rechtmäßige Erbin anerkannt wurde, obwohl auf dem Territorialprinzip gründende Ansprüche eines anderen Staates dem entgegenstanden. Der Pioniererfolg ebnete anderen internationalen jüdischen Organisationen den Weg und war ein Vorbote der Anerkennung der Rechte von Jüdinnen und Juden als Kollektiv. Diesen Status vermochte schließlich die JCR zu institutionalisieren, indem sie erstmals trotz fehlender territorialer Verankerung eine politisch-rechtliche Anerkennung des jüdischen Kollektivs bewirkte.

Mit der Restitution der YIVO-Sammlungen kamen auch die – unmittelbaren oder nur begleitenden – Ereignisse und Wechselwirkungen zu einem Ende. Kehren wir abschließend noch einmal zum Ausgangspunkt in den ersten Kriegstagen zurück: Im August 1939 machten Max, Regina und Uriel Weinreich in Kopenhagen Zwischenstation auf dem Weg zum V. Internationalen Linguistenkongress in Brüssel. Als der deutsch-sowjetische Nichtangriffspakt Ende August unterzeichnet wurde, reiste Regina Weinreich vorzeitig zurück nach Wilna, wo ihre Mutter inzwischen den jüngeren Sohn betreute. Max und Uriel Weinreich hingegen verbrachten die Tage bis zur Eröffnung des Kongresses in Kopenhagen. Dann brach der Krieg aus, der Kongress wurde abgesagt und Vater und Sohn Weinreich blieben ein halbes Jahr in der Stadt, wo sie von der örtlichen jüdischen Gemeinde und der New Yorker YIVO-Zweigstelle Amopteyl unterstützt wurden. Uriel besuchte eine lokale Schule, Max arbeitete an einem jiddisch-englischen Wörterbuch.

Selbst wenn die beiden gehofft hatten, nach Wilna zurückkehren zu können, war eine Fahrt dorthin ohne gültige

Reisedokumente nahezu unmöglich geworden. Max Weinreich hielt sich in Kopenhagen über die Geschehnisse auf dem Laufenden und leitete die Nachrichten an die YIVO-Zweigstellen in Wilna, Paris und New York weiter. Seine Korrespondenz lässt zwei Stimmen erkennen: eine, die sich an die YIVO-Leute in Wilna und eine andere, die sich an die Freunde in New York richtete: Als Wilna im September 1939 unter sowjetische Herrschaft geriet, bat Weinreich den Amopteyl-Sekretär Nathan Naftali Feinerman, die *YIVO Bleter* in Abstimmung mit Wilna vorübergehend in New York herauszugeben und sich auf die Tätigkeitserweiterung der New Yorker Zweigstelle einzustellen. Am 2. Oktober 1939 erschien im New Yorker *Forverts* die Mitteilung, dass das YIVO in Wilna seine Tätigkeit als Institutszentrale einstelle und alle Anfragen fortan an das Amopteyl zu richten seien. Am 10. Oktober 1939 trat die Sowjetunion Wilna an Litauen ab. Weinreich und Zelig Kalmanovitch, der sich damals in Kaunas aufhielt, kündigten ihre Rückkehr nach Wilna an; Zalman Reisen war von den sowjetischen Besatzern verhaftet worden und seither verschollen. Vier Tage später schrieb Weinreich an Feinerman, unter litauischer Herrschaft habe das YIVO gute Aussichten aufzublühen, da in Litauen das Jiddische besser gepflegt werden könne, »solange das YIVO in Wilna lokal geschützt ist«. Doch müsse man »über den Schutz unserer Leute und der Sammlungen nachdenken, indem wir sie nach Amerika bringen, und über das Ende des europäischen Zeitalters in der Geschichte des YIVO«.[7] Der Leiter der YIVO-Zweigstelle in Paris, Elias Tcherikower, mahnte wegen der möglichen psychologischen Auswirkungen des Transfers der Zentrale auf die andere Seite des Atlantiks zur Vorsicht. Sein Vorschlag, die Pariser Filiale zur Hauptgeschäftsstelle in Europa zu bestimmen, blieb jedoch unbeachtet. Im November kritisierte Kalmanovitch einen Bericht im Wilnaer *Ovntblat* (Abendblatt) zur Verlegung der YIVO-Zentrale als Wiederholung unglaubwürdiger amerikanischer Presseberichte. Daraufhin wies Weinreich

Feinerman zurecht und warf New York vor, eigenmächtig Beschlüsse gefällt zu haben:

> »Innerhalb von wenigen Monaten haben Sie sich derart isoliert, dass Sie vergessen haben, dass das YIVO eine kleine Welt für sich, bestehend aus ein paar Dutzend Leuten, ist […] und siehe da, nun zirkuliert die Bekanntmachung des *Amopteyl*, dass die Zentrale verlegt wurde, ja bis nach Amerika gelangt ist. Sie werden verstehen, dass Kalmanovitch sich hierzu äußern musste.«[8]

Inzwischen wurde in New York an der Herausgabe der *YIVO Bleter* gearbeitet und bekannt gegeben, dass die Zeitschrift bis auf Weiteres dort erscheinen werde. Da die jüdische Gemeinschaft in Amerika noch vielfach gewissermaßen als Außenposten der osteuropäischen Judenheiten betrachtet wurde, erklärte das Amopteyl auf der Jahreskonferenz 1940 in New York, die Tätigkeit werde ausgeweitet, da »die Zeit reif ist für Amerika, das die größte und am besten geschützte jüdische Gemeinschaft der Welt aufweist, auch zum größten Zentrum jüdischer Kultur und jüdischer Wissenschaft der Welt zu werden«.[9] Tatsächlich erschien wenige Tage danach in New York die Januar/Februar-Ausgabe der *YIVO Bleter,* gefolgt von einer zweiten Ausgabe. Die Mitarbeiter des YIVO Wilna waren fassungslos. Auf einer Sitzung der Institutsleitung wurde die Entwicklung scharf verurteilt: »Das ist typisch – sie glauben wahrscheinlich, dass das YIVO in Wilna untergegangen ist. Das eigentliche Zuhause des YIVO ist Wilna. Die Jiddisch-Bewegung in Amerika hat keinen Erfolg. […] Die *YIVO Bleter* sind das Eigentum und das Symbol des YIVO Wilna. Wenn es in Amerika erscheint, bedeutet das eine allmähliche Liquidierung und den Transfer nach Amerika.«[10] Kalmanovitch schickte Amopteyl umgehend ein Telegramm und forderte, die Herausgabe der *YIVO Bleter* zu stoppen.

An dieser Stelle sei daran erinnert, dass das Wilnaer Institut unter litauischer Herrschaft kurzzeitig aufblühte. Nach der deutschen Besetzung Polens nahm die Stadt Zehntausende Flüchtlinge aus der jüdischen Oberschicht Polens auf, von denen nicht wenige zur Blüte des Instituts beitrugen. Es wurden Artikel und umfangreichere Forschungsarbeiten veröffentlicht, die Zahl der Lehrkräfte und Stipendiaten stieg, die Bibliotheken füllten sich. Gleichzeitig entwickelte sich aber auch die Zweigstelle in New York. Sie nahm neue Forscherinnen und Forscher auf und veröffentlichte wichtige Arbeiten – Amerika war erstmals gezwungen, »auf eigenen Beinen zu stehen, statt nur eine Außenstelle für das YIVO in Wilna zu sein«.[11]

Das Ansehen der amerikanischen Zweigstelle des YIVO erhöhte sich, als Max und Uriel Weinreich Mitte März 1940 in New York ankamen. Amerika war Weinreich nicht fremd. 1929 hatte er den Kontinent für eine Vortragsreise besucht, um Spenden zu sammeln. 1932 war er wissenschaftlicher Referent am Institute of Human Relations an der Universität Yale gewesen. Nun meldete *Der Tog*, Weinreich sei wieder unterwegs und werbe Spenden ein.[12] Inzwischen versuchte das YIVO in Wilna, Weinreich zur litauischen Staatsbürgerschaft zu verhelfen, und sah ihn für die Leitung eines an der Universität Wilna geplanten Lehrstuhls für Jiddisch vor. Zur gleichen Zeit führte Feinerman Verhandlungen mit den amerikanischen Behörden im Hinblick auf seine Reise nach Wilna, die den Zweck verfolgte, das YIVO einschließlich Personal und Sammlungen nach Amerika zu transferieren. Dieser Plan wurde durch die sowjetische Annexion Litauens im Juni 1940 jedoch zunichtegemacht. Daraufhin verabschiedete sich Kalmanovitch in einer Botschaft an Weinreich. Er versprach, die Arbeit im YIVO weiterzuführen, und bat Weinreich, sich des YIVO-Zentrums in New York anzunehmen. Kalmanovitch hielt an seiner Zusage fest und blieb in Wilna, trotz Visum und Arbeitsangebot in Amerika. Regina und Gabriel Weinreich reisten aus. Im Januar 1941 erreichte ihr Schiff die amerikanische Küste.

Das Dilemma der Entscheidung in der heiklen und schmerzlichen Frage Verlegung des YIVO nach Amerika zeigt sich deutlich in Weinreichs Ambivalenz. Es stellt sich die Frage, weshalb er nicht nach Wilna zurückkehrte, obwohl seine Familie zurückblieb und das Wilnaer Institut damals aufblühte. Reiste er nach Amerika, um Spenden zu sammeln, oder glaubte er tatsächlich an das »Ende des europäischen Zeitalters in der Geschichte des YIVO«, wie er im Oktober 1939 an Nathan Feinerman geschrieben hatte? Wie die Entscheidung Weinreichs über seine persönliche Zukunft und die des YIVO in New York auch motiviert gewesen sein mag – ob wegen der Zuspitzung der Lage der jüdischen Gemeinschaft in Litauen oder aus Furcht vor dem kommunistischen Regime: Gelang es ihm, das Dilemma wenigstens vorübergehend zu lösen? Wie ist die Übersiedlung Weinreichs, der Hauptidentifikationsfigur des YIVO, nach Amerika zu deuten?

Aus diversen Dokumenten geht hervor, dass Teile der YIVO-Belegschaft bereits 1940 – vielleicht sogar schon 1939 – New York als Institutszentrale betrachteten. Auch wenn sie davon ausgingen, dass New York diese Rolle nur bis Kriegsende einnehmen würde, hat die Shoah die Verlegung in Richtung Westen zwangsläufig wesentlich beschleunigt. Die Tatsache, dass sich das YIVO so früh, noch vor der Besetzung Wilnas durch die Deutschen, mit dem Transfer seines Eigentums und seiner Mitglieder nach New York befasste und die diesbezüglichen Anstrengungen in den Jahren der Vernichtung in Europa fortsetzte, verschaffte ihm einen wichtigen Vorteil bei der Wiedererlangung seines Eigentums, Jahre bevor andere Organisationen als Erben anerkannt wurden. Je schlechter die Lage wurde, desto intensiver waren die Bemühungen, anfangs Personal und später auch Bestände des Instituts in die Vereinigten Staaten zu überführen. So darf die Frage erlaubt sein, welcher Begriff für die Übergabe der Sammlungen an das amerikanische YIVO passender wäre: Transfer oder Rückgabe. War die Restitution – abgesehen von ihrer Eigenschaft als Symbol des Bruchs, verursacht durch die Shoah – vielleicht auch der Schlussakt des viel früher begonnenen Transfers nach New York?

Angesichts der ernüchternden Entwicklung sei zum Abschluss noch die hypothetische Frage der kontrafaktischen Geschichte gestellt: Was wäre aus dem YIVO und seinen Sammlungen geworden, wenn die politischen Umwälzungen, der Raub seines Eigentums und die Vernichtung seines Adressatenkreises nicht stattgefunden hätten? Wäre es dennoch in einem langfristigen und konzentrierten Prozess zum Transfer von *Yeruschalajim de-Lita* zur *Goldene Medine*, vom Jerusalem Litauens in den »goldenen Staat« Amerika gekommen?

# Quellen, Anmerkungen und Literatur

### Archive und Bibliotheken

Archiv der Hebräischen Universität (AHU)
Israelische Nationalbibliothek (NLI)
Israelisches Staatsarchiv (ISA)
Library of Congress, Washington, D. C. (LoC)
Staatliches Zentralarchiv Litauens (LCVA)
Staatsarchiv der Russischen Föderation (GARF)
YIVO-Archiv (YIVO)

### Anmerkungen

#### Einführung

1 Abraham Sutzkever, Wilner Getto 1941–1944, aus dem Jidd. von Hubert Witt, Zürich 2009, 120 f. Das einleitende Zitat: »Ich habe die ganze Woche Buchbestände durchgesehen […]«, ist entnommen: Zelig Kalmanovitch, Joman be-geto Wilna we-ketavim mi-ha-izavon sche-nimẓa' ba-harisot [Tagebuch des Wilnaer Ghettos und Schriften aus dem in den Trümmern gefundenen Nachlass], Tel Aviv 1976/77, 126.

#### Wilna

Dieses Kapitel beruht auf Primär- und Sekundärquellen zum YIVO und zur Strashun-Bibliothek aus der Zwischenkriegszeit: Briv fun Maks Vaynraykh tsu Avrom Sutskever [Brief von Max Weinreich an Abraham Sutzkever], in: Di Goldene Kejt [Die goldene Kette] 95/96 (1978), 171–203; Cecile Esther Kuznitz, YIVO and the Making of Modern Jewish Culture. Scholarship for the Yiddish Nation, New York 2014; David E. Fishman, The Book Smugglers. Partisans, Poets, and the Race to Save Jewish Treasures from the Nazis, Lebanon, N. H., 2017; Dov Levin, YIVO bejn ha-patisch we-ha-magal. Korot ha-machon ha-mada'i ha-jehudi be-Wilna taḥat ha-schilton ha-sowjeti la-jowel ha-ḥamischim schel YIVO [YIVO zwischen Hammer und Sichel. Die Geschichte des Jüdischen Wissenschaftlichen Instituts unter sowjetischer Herrschaft, zum 50. Jubiläum des YIVO], Jerusalem 1976, 18–30; Leila Zenderland, Social Science as a »Weapon of the Weak«. Max Weinreich, the Yiddish Scientific Institute, and the Study of Culture, Personality, and Prejudice, in: Isis. A Journal of the History of Science 104 (2013), H. 4, 742–772; Abraham Nowersztern, »Lech al pene milim ke-be-sede-mokschim«. Le-demuto schel ha-meschorer Abraham Sutzkever sel. [»Geh zwischen den Worten wie in einem Minenfeld.« Zur Figur des Dichters Abraham Sutzkever sel.], in: Yad Vashem (Hg.), Koveẓ meḥkarim [Sammelband] 38 (2009), H. 1, 41–51; Frida Shor, Mi-»likute schoschanim« we-ad »brigadat ha-nijar«. Sipuro schel bet eked ha-sefarim al-schem Straschun be-Wilna [Von »Likute Schoschanim« bis zur »Papier-Brigade«. Die Geschichte der Strashun-Bibliothek in Wilna], Ariel 2012; Dan Rabinowitz, The Lost Library. The Legacy of Vilna's Strashun Library in the Aftermath of the Holocaust, Waltham, Mass., 2019 (Ich bedanke mich beim Autor, der mir vor der Veröffentlichung Einblick in das Manuskript gewährte.); Ido Bassok, Mivḥar, mavo' we-hakdamot [Auswahl, Einführung und Einleitungen], in: Alilot ne'urim. Otobiografiot schel bene no'ar jehudim mi-Polin bejn schete milḥamot ha-olam [Jugendgeschichten. Autobiografien jüdischer Jugendlicher aus Polen zwischen den beiden Weltkriegen], hg. von Abraham Nowersztern, Tel Aviv 2011, 7–57; Jeffrey Shandler (Hg.), Awakening Lives. Autobiographies of Jewish Youth in Poland before the Holocaust, mit einer Einleitung von Barbara Kirshenblatt-Gimblett, Marcus Mosley und Michael Stanislawski, New Haven, Conn., 2002. Zu den Jiddisch-Zentren und dem Wettstreit um die jiddischistische literarische Dominanz vgl. Nathan Cohen, Sefer, sofer we-iton. Merkaz ha-tarbut ha-jehudit be-Warscha 1918–1942 [Buch, Schriftsteller und Zeitung. Das jüdische Kulturzentrum in Warschau 1918–1942], Jerusalem 2003, 115–125; Lara Lempert, The End of the Glorious Year. YIVO under the Soviet Regime (1940–1941), in: Jahrbuch des Dubnow-Instituts/Dubnow Institute Yearbook 19 (2020) [in Vorbereitung] (Ich bedanke mich bei der Autorin, die mir vor der Veröffentlichung Einblick in das Manuskript gewährte.).

1 Simon Dubnow, Neḥapesna we-naḥkora. Kol kore el ha-nevonim ba-am le'esof ḥomer le-binjan toldot bene Jisra'el be-Polin u-be-Rusia [Lasst uns suchen und forschen. Aufruf an die Gebildeten im Volk, Material für den Aufbau der Geschichte der Juden in Polen und Russland zu sammeln.], in: Ha-Pardes. Osef sifruti [Der Obstgarten. Literarische Zusammenstellung] 1 (1892), 221–242, hier 242 (Hervorhebungen im Original fett). Vgl. auch die englische Übersetzung von Dubnows Aufruf. Idem, Let us Seek and Investigate. An Appeal to the Informed among Us Who Are Prepared to Collect Material for the Construction of a History of the Jews in Poland and Russia, transl. from the Hebrew by Avner Greenberg and with annotations by Laura Jockusch, in: Jahrbuch des Simon-Dubnow-Instituts/Simon Dubnow Institute Yearbook 7 (2008), 353–382, hier 382: »To you all I appeal, come and take your place in the camp of the builders of history! […] [E]ach of you can become a collector of material, can help in the building of history. The building of history is a national project, and therefore all those among our people who can write, all those who understand literature and respect the value of history are obliged to participate in this endeavour … Let us set to work, gather the scattered fragments from wherever they have been dispersed, arrange them and reveal them to the public, and then build upon them the temple of history. Let us seek and investigate!«

2 Lietuvos centrinis valstybės archyvas [Staatliches Zentralarchiv Litauens] (nachfolgend LCVA), F[ond = Bestand] 633, O[pis' = Liste] 1, D[jelo = Akte] 5, 1–8, Arbeitsbericht der jüdischen Arbeitsgruppe des Einsatzstabes Rosenberg, Wilna, vom 18. Februar bis zum 8. Juni 1942, zit. nach David E. Fishman, Embers Plucked from the Fire. The Rescue of Jewish Cultural Treasures in Vilna, New York ²2009, 18.

3 Herman Kruk, Togbukh fun Vilner geto [Tagebuch aus dem Wilnaer Ghetto], hg. von Mordecai W. Bernstein, New York 1961, 282.

4 Shalom Lurie, Togbukh fun Vilner geto (fragment) fun Zelik Kalmanovitsh [Tagebuch aus dem Wilnaer Ghetto (Fragment) von Zelig Kalmanovitch], in: YIVO Bleter [YIVO-Blätter] 3 (1997), 43–113, hier 90–92.

5 Shmerke Kaczerginski, YIVO leaḥar knisat ha-germanim le-wilna [Das YIVO nach dem Einmarsch der Deutschen in Wilna], in: Jalkut moreschet. Ti'ud we-ḥeker ha-scho'a [Ver-

mächtnissammlung. Dokumentation und Erforschung der Shoah] 74 (2002), 175–180, hier 177.

6 Staatsarchiv der Russischen Föderation (GARF), Moskau, F[ond = Bestand] 8114, O[pis' = Liste] 1, D[jelo = Akte] 923, Jüdisches Antifaschistisches Komitee, 49 f., Yankl Gutkowicz an das Jüdische Antifaschistische Komitee, 17. September 1947, zit. nach Fishman, The Book Smugglers, 223 f.

## Offenbach

Dieses Kapitel ist den Ereignissen der »Operation Offenbach« bis zum erfolgreichen Abschluss im Juni 1947 gewidmet, also dem Transfer der YIVO-Sammlung in Wilna von Offenbach zum YIVO in New York. Max Weinreich dokumentierte die Stationen der Restitution in einem knappen Protokoll in kodiertem Jiddisch. Jahre später schilderte Lucy Dawidowicz ihre Mission in Deutschland in ihrer Autobiografie: dies., From that Place and Time. A Memoir, 1938–1947, introduction by Nancy Sinkoff, New Brunswick, N. J., 2008. Das Protokoll und die Erinnerungen bilden neben Archivdokumenten und anderen Primärquellen die Grundlage für das vorliegende Kapitel: YIVO, Restitution 1945–49, Box 1; YIVO, Max Weinreich Collection, RG-584; American Jewish Historical Society, New York (nachfolgend AJHS), Lucy Dawidowicz Papers, 1938–1990, P-675; AJHS, Colonel Seymour J. Pomrenze Papers, P-933; AJHS, Papers of Philip Friedman (1901–1960), RG-1258; Emanuel Ringelblum, Ketawim mi-jeme ha-milḥama [Schriften aus der Kriegszeit], Bd. 1: Joman we-reschimot mi-tekufat ha-milḥama. Geto Warscha. September 1939 – dezember 1942 [Tagebuch und Aufzeichnungen aus der Kriegszeit. Ghetto Warschau. September 1939 – Dezember 1942], Bd. 1, hg., bearbeitet und mit Vorbemerkungen und Kommentaren versehen von Israel Gutman, Yosef Carmish und Israel Shaham, Jerusalem 1992, und Bd. 2: Ketawim aḥaronim. Jaḥase jehudim polanim. J'anu'ar 1943 – april 1944 [Letzte Schriften. Das Verhältnis zwischen Juden und Polen. Januar 1943 – April 1944], hg., bearbeitet und mit Vorbemerkungen und Kommentaren versehen von Israel Gutman, Yosef Carmish und Israel Shaham, Jerusalem 1993; Hannah Arendt/Gershom Scholem, Der Briefwechsel, hg. von Marie-Luise Knott, Frankfurt a. M. 2010; YIVO Bleter [YIVO-Blätter] 1940–1947; Yedies fun YIVO [Nachrichten des YIVO]; Jews in Palestine Seek Methods to Retrieve at Peace Table Own Assets Stolen by Nazis, in: The New York Times, 7. April 1944, 7; Ralph Parker, Poet-Partisan from Vilna Ghetto Says Nazis Slew 77,000 of 80,000, in: The New York Times, 15. April 1944, 3; Daily News Bulletin New York (Jewish Telegraphic Agency), 14. Juli 1948; Colonel S. J. Pomrenze, The Restitution of Jewish Cultural Treasures after the Holocaust. The Offenbach Archival Depot's Role in the Fulfillment of U. S. International and Moral Obligations (a First Hand Account), in: Proceedings of the 37th Annual Convention of the Association of Jewish Libraries, Denver, Colo., 23.–26. Juni 2002, 1–9. Darüber hinaus stützt sich das Kapitel auf Forschungsliteratur zur Restitution und zu jüdischen Kulturgütern: Dov Schidorsky, Gevilim nisrafim we-otiot porḥot. Toldoteihem schel osfe sefarim we-sifrijot be-Ereẓ Jisra'el we-nisionot le-haẓalat serideihem be-Eropa le-aḥar ha-scho'a [Brennende Schriftrollen und fliegende Buchstaben. Die Geschichte der Büchersammlungen und Bibliotheken in Palästina und die Versuche, die Überreste in Europa nach der Shoah zu retten], Jerusalem 2008; Patricia Kennedy Grimsted, Reconstructing the Record of Nazi Cultural Plunder. A Survey of the Dispersed Archives of the Einsatzstab Reichsleiter Rosenberg (ERR), in: IISH Research Paper 47 (März 2011), 1–43; Michael J. Kurtz, America and the Return of Nazi Contraband. The Recovery of Europe's Cultural Treasures, Cambridge 2006; Elisabeth Gallas, »Das Leichenhaus der Bücher«. Kulturrestitution und jüdisches Geschichtsdenken nach 1945, Göttingen/Bristol, Conn., 2., durchgesehene Aufl. 2016 (zuerst 2013); Dana Herman, Hashavat Avedah. A History of Jewish Cultural Reconstruction, Inc. (unveröff. Diss., McGill University Montreal, 2008); Lisa Moses Leff, The Archive Thief. The Man Who Salvaged French Jewish History in the Wake of the Holocaust, Oxford/New York 2015; Nancy Sinkoff, From the Archives. Lucy S. Dawidowicz and the Restitution of Jewish Cultural Property, in: American Jewish History 100 (2016), H. 1, 117–147 (Ich bedanke mich bei der Autorin, die mir vor der Veröffentlichung Einblick in das Manuskript gewährte.); Elisabeth Gallas, Preserving East European Jewish Culture. Lucy Dawidowicz and the Salvage of Books after the Holocaust, in: Jahrbuch des Simon-Dubnow-Instituts/ Simon Dubnow Institute Yearbook 11 (2012), 73–89; Bilha Shilo, »Funem folk, farn folk, mitn folk«. The Restitution of YIVO's Collections from Offenbach to New York, in: Moreshet 14 (2017), 361–411; Noam Zadoff, Von Berlin nach Jerusalem und zurück. Gershom Scholem zwischen Israel und Deutschland, aus dem

Hebr. von Dafna Mach, Göttingen 2020 (hebr. 2015; engl. 2018); Arndt Engelhardt, Koppel S. Pinson (1904–1961). Eine jüdische Intellektuellenbiografie in Amerika, in: Nicolas Berg u. a. (Hgg.), Konstellationen. Über Geschichte, Erfahrung und Erkenntnis. Festschrift für Dan Diner zum 65. Geburtstag, Göttingen/Oakville, Conn., 2011, 81–101; Herbert A. Friedman, Roots of the Future, Jerusalem/New York ²1999 (zuerst 1998); Yfaat Weiss, »Nicht durch Macht und nicht durch Kraft, sondern durch meinen Geist«. Die Hebräische Universität in der Skopusberg-Enklave, in: Jahrbuch des Simon-Dubnow-Instituts/Simon Dubnow Institute Yearbook 14 (2015), 59–90; zum Oyneg-Shabes-Archiv (Geheimarchiv im Warschauer Ghetto): Samuel D. Kassow, Who Will Write Our History? Emanuel Ringelblum, the Warsaw Ghetto, and the Oyneg Shabes Archive, Bloomington, Ind., 2007; zum AJC: Naomi Cohen, Not Free to Desist. A History of the American Jewish Committee 1906–1966. Introduced by Salo W. Baron, Philadelphia, Pa., 1972; zur Sammlung von An-Ski: Cecile E. Kuznitz, An-sky's Legacy. The Vilna Historic-Ethnographic Society and the Shaping of Modern Jewish Culture, in: Gabriella Safran/Steven J. Zipperstein (Hgg.), The Worlds of S. An-sky. A Russian Jewish Intellectual at the Turn of the Century, Stanford, Calif., 2006, 320–345; Itzik Nakhmen Gottesman, Defining the Yiddish Nation. The Jewish Folklorists of Poland, Detroit, Mich., 2003, 75–108.

1 Zelig Kalmanovitch an Yitzchak Gitterman, 23. März 1942, zit. nach Yosef Carmish, Michtavim ḥascha'iim mi-geto Wilna legeto Warscha [Geheimbriefe aus dem Wilnaer Ghetto an das Warschauer Ghetto], in: Massuah. Koveẓ schnati le-toda'at hascho'a we-ha-gevura [Massuah. Jährlicher Sammelband zum Gedenken der Shoah und des Heldentums] 14 (1986), 191–203, hier 197.
2 Emanuel Ringelblum an Raphael Mahler, 23. Oktober 1941–6. Dezember 1941, zit. nach Mahler, E. Ringelblum, 242 f.
3 Ringelblum, Ketawim aḥaronim [Letzte Schriften], 325.
4 Bei einem persönlichen Gespräch in seinem Haus in Tel Aviv am 17. April 2014 übergab mir Dov Schidorsky Dokumente aus seiner privaten Sammlung (nachfolgend Sammlung Schidorsky). Die gesammelten Schriftstücke hatte er am 26. April 1993 im YIVO New York kopiert; das Zitat folgt Sammlung Schidorsky, Max Weinreich/Nathan Feinerman/Leibush Lehrer an Charles A. Thomson, 10. Juni 1942.

5 YIVO, Restitution 1945–49, Box 1, File 1945 und früher, Max Weinreich an Archibald MacLeish [Staatssekretär, US-Außenministerium], 4. April 1945.
6 Ebd., File Operation Offenbach 1945–47, Max Weinreich an Saul Kagan, 19. September 1945 (jidd.).
7 Parallel zur JCR operierte eine ähnliche Organisation in der britischen und französischen Besatzungszone: Jewish Trust Corporation (JTC).
8 YIVO, Restitution 1945–49, Box 1, File 1945 und früher, Koppel Pinson an Leibush Lehrer, 30. November 1945 (engl.).
9 Ebd., Max Weinreich an Leibush Lehrer, 4. Dezember 1945 (engl.).
10 Ebd., File 1946, Max Weinreich an Seymour Pomrenze, 19. März 1946 (jidd.).
11 Ebd., File 1946, Max Weinreich an Seymour Pomrenze, 6. Dezember 1946 (jidd.).
12 Ebd., File Operation Offenbach 1945–47, Seymour Pomrenze an Max Weinreich, 14. Dezember 1946 (engl.).
13 Ebd., File Operation Offenbach 1945–47, Lucy Schildkret an Max Weinreich, 16. Februar 1947 (engl.).
14 Dawidowicz, From that Place and Time, 318.
15 YIVO, Restitution 1945–49, Box 1, File Operation Offenbach 1945–47, Lucy Schildkret an Max Weinreich, 16. Februar 1947 (engl.; Hervorhebungen von der Verfasserin).
16 Ebd., Lucy Schildkret, 16. Mai 1947 (engl.).
17 AJHS, File P-675/52/4, Lucy Schildkret an Henrietta Buchman, 12. Mai 1947 (engl.).
18 Dawidowicz, From that Place and Time, 324.
19 YIVO, Restitution 1945–49, Box 1, File Operation Offenbach 1945–47, Lucy Schildkret an Max Weinreich, 16. Februar 1947 (engl.).
20 AJHS, File P-675/52/4, Lucy Schildkret an YIVO, 15. März 1947 (engl.; im Original Versalien).
21 YIVO, Restitution 1945–49, Box 1, File 1947, Seymour Pomrenze an Max Weinreich, 30. April 1947 (jidd.).
22 AJHS, File P-675/55/6, Max Weinreich an Lucy Schildkret, 3. Juli 1947 (jidd.).
23 YIVO Library Is Back Home, in: Yedies fun YIVO [Nachrichten des YIVO] 40, März 1951, 1*–2*.
24 YIVO, Restitution 1945–49, Box 1, File 1946, Samuel C. Kohs an Philip Schiff, 14. März 1946 (engl.).

25 Ebd., File 1945 und früher, Max Weinreich an John Walker, 29. September 1944 (engl.).

## Prag

Dieses Kapitel beruht auf Primärquellen aus Archiven in New York und Jerusalem: YIVO, Restitution 1945-49, Box 1; AJHS, Lucy Dawidowicz Papers, 1938-1990, P-675; Archives of the Hebrew University (nachfolgend AHU), Ha-wa'ad le-haẓalat oẓarot ha-gola [Komitee für die Rettung der Schätze der Diaspora], Sammlung 046; AHU, Box 269, Akten 165 und 165-waw; Israelische Nationalbibliothek (nachfolgend NLI), Gershom Scholem-Sammlung, ARC.4 1599/02; NLI, Osef oẓarot ha-gola [Schätze der Diaspora], ARC.4 793/288; AHU, File 042/1944, Conference on the Restoration of Continental Jewish Museums, Libraries and Archives. Eröffnungsrede von Dr. Cecil Roth, 11. April 1943; Siegfried Moses, Jewish Post-War Claims, Tel Aviv 1944; Nehemiah Robinson, Indemnification and Reparations. Jewish Aspects, New York 1944. Zudem basiert es auf Forschungsliteratur zum Kalten Krieg und zur Restitution sowie zum Komitee für die Rettung der Schätze der Diaspora: Tony Judt, Postwar. A History of Europe since 1945, London 2005; Patricia Kennedy Grimsted, Sudeten Crossroads for Europe's Displaced Books. The »Mysterious Twilight« of the RSHA Amt VII Library and the Fate of a Million Victims of War, in: Mečislav Borák (Hg.), Restitution of Confiscated Works – Wish or Reality? Documentation, Identification and Restitution of Cultural Property of the Victims of World War II. Proceedings of the International Academic Conference Held in Liberec, 24-26 October 2007, Prag/Šenov 2008, 123-180; dies., Reconstructing the Record of Nazi Cultural Plunder. A Survey of the Dispersed Archives of the Einsatzstab Reichsleiter Rosenberg (ERR), in: IISH Research Papers 47 (2011); Dov Schidorsky, Gevilim nisrafim we-otiot porḥot. Toldoteihem schel osfe sefarim we-sifrijot be-Ereẓ Jisra'el we-nisionot le-haẓalat serideihem be-Eropa le-aḥar ha-scho'a [Brennende Schriftrollen und fliegende Buchstaben. Die Geschichte der Büchersammlungen und Bibliotheken in Palästina und die Versuche, die Überreste in Europa nach der Shoah zu retten], Jerusalem 2008; Dana Herman, Hashavat Avedah. A History of Jewish Cultural Reconstruction, Inc. (unveröff. Diss., McGill University Montreal, 2008); Yfaat Weiss, Von Prag nach Jerusalem. Kulturgüter und Staatswerdung, in: Vierteljahrshefte für Zeitgeschichte 63 (2015), H. 4, 513–538; Gish Amit, Eks libris. Historia schel gesel, schimur wenichus be-sifria ha-leumit bi-jeruschalajim [Exlibris. Eine Geschichte von Raub, Konservierung und Inbesitznahme in der Nationalbibliothek in Jerusalem], Jerusalem/Bene Beraq 2014; Anna Kawałko, From Breslau to Wrocław. Transfer of the Saraval Collection to Poland and the Restitution of Jewish Cultural Property after WW II, in: Naharaim. Zeitschrift für deutsch-jüdische Literatur und Kulturgeschichte/Journal of German-Jewish Literature and Cultural History 9 (2015), H. 1/2, 48–72; Bilha Shilo, »Funem folk, farn folk, mitn folk«. The Restitution of YIVO's Collections from Offenbach to New York, in: Moreshet 14 (2017), 361–411.

1 YIVO, Restitution 1945–49, Box 1, File Czechoslovakia, Council of Jewish Communities in Bohemia and Moravia an YIVO, 12. Dezember 1946 (engl.).
2 AHU, Akte 046/1946, Hugo Bergmann an die YIVO-Leitung, 13. Dezember 1946.
3 AJHS, File P-675/52/1, Barikht vegn der nesiye keyn Washington [Bericht über die Reise nach Washington], Max Weinreich, 21. Februar 1947 (jidd.).
4 YIVO, Restitution 1945–1949, Box 1, File Retransportation from Europe, Telefongespräch zwischen Mark Uveeler und Seymour Pomrenze, 18. Februar 1947 (engl.).
5 AJHS, File P-675/52/1, Barikht vegn der nesiye keyn Washington [Bericht über die Reise nach Washington], Max Weinreich, 21. Februar 1947 (jidd.).
6 Ebd.
7 Ebd.
8 NLI, 793/288, Memorandum der juristischen Kommission des Komitees für die Rettung der Schätze der Diaspora, März 1946, zit. nach Amit, Eks libris, 43–55.
9 AJHS, Akte P-675/52/4, Max Weinreich, Farzeibenung vegn a telefonishn shmues mit prof. Salo Baron [Telefonnotiz zu einem Gespräch mit Prof. Salo Baron], 28. Februar 1947 (jidd.).
10 YIVO, Restitution 1945–49, Box 1, File 1946 – AJC (Slawson), Max Weinreich an John Slawson, 1. Juni 1946 (engl.).
11 Ebd., File Operation Offenbach, Max Weinreich an Lucy Schildkret, 15. Februar 1946 (jidd.; Hervorhebung im Original unterstrichen).

## Epilog: New York/Jerusalem

Das Kapitel stützt sich vor allem auf Primärquellen: YIVO, Moses Kligsberg Papers (1937–1974), RG-719, Restitution 1945–49, Box 1; YIVO, Max Weinreich Collection, RG-584; YIVO, Territorial Collection, Germany II, RG-116; Leibl Cohen, Bibliografye fun Waynraykhs verk [Bibliografie von Weinreichs Werk], in: Maks Waynraykh tsu zayn zibetsikstn geboyrn-tog. Shtudyes vegn shprakhn bay yidn, vegn yidisher literatur un gezelshaft [Max Weinreich zum siebzigsten Geburtstag. Studien zu jüdischen Sprachen, jiddischer Literatur und Gesellschaft], London 1964, CCXXVI–CCXLIV; YIVO Bleter [YIVO-Blätter] 20 (September–Dezember 1942); Hanna Gordon-Mlatek/Shmuel Goldenberg, Hoysofe tsu der Maks Waynraykh bibliografye [Anhang zur Max-Weinreich-Bibliografie], in: YIVO Bleter [YIVO-Blätter], Neue Serie 3 (1997), 370–440; Max Weinreich, Hitler's Professors. The Part of Scholarship in Germany's Crimes against the Jewish People. Mit einer Einleitung von Martin Gilbert, New Haven, Conn., ²1999 (zuerst 1946); Koppel S. Pinson, Jewish Life in Liberated Germany. A Study of the Jewish DP's, in: Jewish Social Studies 9 (1947), H. 2, 101–126. Zusätzlich beruht das Kapitel auf Forschungsliteratur zu den Displaced Persons, zu Deutschland in der Nachkriegszeit sowie zur Restitution und zum amerikanischen Judentum: Kalman Weiser, Coming to America. Max Weinreich and the Emergence of YIVO's American Center, in: Lara Rabinovitch/Hannah S. Pressman/Shiri Goren (Hgg.), Choosing Yiddish. New Frontiers of Language and Culture, Detroit 2013, 233–252; David E. Fishman, The Book Smugglers. Partisans, Poets, and the Race to Save Jewish Treasures from the Nazis, Lebanon, N. H., 2017; Jason Lustig, Who Are to Be the Successors of European Jewry? The Restitution of German Jewish Communal and Cultural Property, in: Journal of Contemporary History 52 (2017), H. 3, 519–545; Elisabeth Gallas, Locating the Jewish Future. The Restoration of Looted Cultural Property in Early Post-War Europe, in: Naharaim. Zeitschrift für deutsch-jüdische Literatur und Kulturgeschichte/Journal of German-Jewish Literature and Cultural History 9 (2015), H. 1/2, 25–47; Dan Diner, Ambiguous Semantics. Reflections on Jewish Political Concepts, in: The Jewish Quarterly Review 98 (2008), H. 1, 89–102; ders., Rituelle Distanz. Israels deutsche Frage, München 2015, 111–130; Leff, The Archive Thief; Dan Rabinowitz, The Lost Library. The Legacy of Vilna's Strashun Library in the Aftermath of the Holocaust, Waltham, Mass., 2019 (Ich bedanke mich beim Autor, der mir vor der Veröffentlichung Einblick in das Manuskript gewährte.); Nancy Sinkoff, From the Archives. Lucy S. Dawidowicz and the Restitution of Jewish Cultural Property, in: American Jewish History 100 (2016), H. 1, 117–147 (Ich bedanke mich bei der Autorin, die mir vor der Veröffentlichung Einblick in das Manuskript gewährte.); Israel Bartal, Mif'al ha-kinus. Mada'i ha-jahadut we-iẓuv »tarbut le'umit« be-Ereẓ Jisra'el [Die Sammlungsbewegung. Judaistik und Schaffung einer »Nationalkultur« in Palästina], in: Yehoshua Ben-Arieh/Elchanan Reiner (Hgg.), We-zot le-Jehuda. Meḥkarim be-toldot Ereẓ Jisra'el we-jischuva [Und das ist für Jehuda. Forschungen zur Geschichte des Landes Israel und seiner Besiedlung], Jerusalem 2003, 520–529; Arthur A. Goren, A »Golden Decade« for American Jews, 1945–1955, in: Jonathan D. Sarna (Hg.), The American Jewish Experience, New York ²1997, 294–311 (zuerst 1986); Gerhard Flämig, Hanau im Dritten Reich, Band 3, Der Alltag (1933–1945), Hanau 1991, 402–431; Konrad H. Jarausch, After Hitler. Recivilizing Germans, 1945–1995, Oxford 2006, 23–71; Israel Gutman, Sche'erit ha-pleta. Ba'ajot we-havharot [Die Shoah-Überlebenden. Fragestellungen und Begriffserklärungen], in: Israel Gutman/Adina Drechsler (Hgg.), Sche'erit ha-pleta 1944–1948. Ha-schikum weha-maavak ha-politi. Harẓaot we-diunim be-kinus ha-bejn-leumi schel ḥokrej ha-schoa [Die Shoah-Überlebenden 1944–1948. Die Rehabilitation und der politische Kampf. Vorlesungen und Diskussionen auf der internationalen Konferenz der Shoah-Forscher], Jerusalem, Oktober 1985, Jerusalem 1990, 461–479; Laura Jockusch, Collect and Record! Jewish Holocaust Documentation in Early Postwar Europe, New York 2012.

1 Das einleitende Zitat ist entnommen: Abraham Sutzkever, Weizenkörner (Vilnius 1943), in: Gesänge vom Meer des Todes, aus dem Jidd. von Hubert Witt, Zürich 2009, 74.
2 Tog ayn, tog oys [Tagein, tagaus], in: Vilner Tog, 6. März 1925, 3.
3 AHU, Akte 046/1947-I, Austausch von Kurznotizen zwischen Sir Leon Simon und Gershom Scholem, 18.–24. August 1947 (hebr.).
4 AHU, Box 106, Ari Ibn-Zahav, Bericht über meine Reise nach Osteuropa in den Monaten Juni–Juli 1937, 18. Juli 1937 (hebr.).
5 Library of Congress, Manuscript Division, LoC-Mission Pa-

pers, Box 34, Folder Restitution of »Unrestituted« Materials/ Jewish Books, Theodor Gaster an Luther Evans (Library of Congress), 30. Dezember 1945, zit. nach Elisabeth Gallas, »Das Leichenhaus der Bücher«. Kulturrestitution und jüdisches Geschichtsdenken nach 1945, Göttingen/Bristol, Conn., 2., durchgesehene Aufl. 2016 (zuerst 2013), 123.

6 Jacob Shatzky, Finf un tsvantsik yor YIVO [Fünfundzwanzig Jahre YIVO], in: Ezekiel Lifschutz (Hg.), Shatski-bukh. Opshatsungen vegn Yankev Shatski un Shatskis zikhroynes, briv, referatn un eseyen [Das Shatzky-Buch. Zur Person Jacob Shatzky, Shatzkys Erinnerungen, Briefe, Vorträge und Essays], Buenos Aires/New York 1958, 303–317, hier 317, zit. nach Kuznitz, YIVO and the Making of Modern Jewish Culture, 184.

7 YIVO, File RG-584/293b, Max Weinreich an Nathan Feinerman, 14. Oktober 1939, zit. nach Weiser, Coming to America, 237 (engl., Original jidd.).

8 YIVO, File RG-100A/28/M, Max Weinreich an Nathan Feinerman, 24. Dezember 1939, zit. nach Weiser, Coming to America, 239 (engl., Original jidd.).

9 Yidishe interesn [Jüdische Interessen], in: Forverts, 9. Januar 1940, zit. nach Weiser, Coming to America, 242 (engl., Original jidd.).

10 YIVO, Akte RG-1.1/3.1/361, Minutes of the meeting of YIVO's temporary administration, 27. Januar 1940, 23 f.; das erste Zitat stammt von Gershon Pludermakher, das zweite von Shloyme Kazhdan, zit. nach Weiser, Coming to America, 242 (engl., Original jidd.).

11 YIVO, File RG-1.1/32/672/VIII, Shmuel Niger, Yidishe visnshaft antdekt Amerike [Die jüdische Wissenschaft entdeckt Amerika], 1940, zit. nach Weiser, Coming to America, 246 (engl., Original jidd.).

12 Dr. Maks Vaynraykh kumt dinstik keyn Amerike [Dr. Max Weinreich kommt am Dienstag nach Amerika], in: Der Tog, 17. März 1940, zit. nach Weiser, Coming to America, 244 (engl., Original jidd.).

## Auswahlbibliografie

Arendt, Hannah/Scholem, Gershom, Der Briefwechsel, 1939–1964, hg. von Marie-Luise Knott unter Mitarbeit von David Heredia, Berlin 2010.

Dawidowicz, Lucy: From that Place and Time. A Memoir, 1938–1947, introduction by Nancy Sinkoff, New Brunswick, N. J., 2008.

Diner, Dan: Rituelle Distanz. Israels deutsche Frage, München 2015.

Ders.: Ambiguous Semantics. Reflections on Jewish Political Concepts, in: The Jewish Quarterly Review 98 (2008), H. 1, 89–102.

Dubnow, Simon: Let us Seek and Investigate. An Appeal to the Informed among Us Who Are Prepared to Collect Material for the Construction of a History of the Jews in Poland and Russia, transl. from the Hebrew by Avner Greenberg and with annotations by Laura Jockusch, in: Jahrbuch des Simon-Dubnow-Instituts/Simon Dubnow Institute Yearbook 7 (2008), 353–382.

Engelhardt, Arndt: Koppel S. Pinson (1904–1961). Eine jüdische Intellektuellenbiografie in Amerika, in: Nicolas Berg u. a. (Hgg.), Konstellationen. Über Geschichte, Erfahrung und Erkenntnis. Festschrift für Dan Diner zum 65. Geburtstag, Göttingen/Oakville, Conn., 2011, 81–101.

Fishman, David E.: The Book Smugglers. Partisans, Poets, and the Race to Save Jewish Treasures from the Nazis, Lebanon, N. H., 2017.

Ders.: Embers Plucked from the Fire. The Rescue of Jewish Cultural Treasures in Vilna, New York ²2009 (zuerst 1996).

Friedman, Herbert A.: Roots of the Future, Jerusalem/New York ²1999 (zuerst 1998).

Gallas, Elisabeth: »Das Leichenhaus der Bücher«. Kulturrestitution und jüdisches Geschichtsdenken nach 1945, Göttingen/Bristol, Conn., 2., durchgesehene Aufl. 2016 (zuerst 2013).

Dies.: Preserving East European Jewish Culture. Lucy Dawidowicz and the Salvage of Books after the Holocaust, in: Jahrbuch des Simon-Dubnow-Instituts/Simon Dubnow Institute Yearbook 11 (2012), 73–89.

Goren, Arthur A.: A »Golden Decade« for American Jews, 1945–1955, in: Jonathan D. Sarna (Hg.), The American Jewish Experience, New York ²1997 (zuerst 1986), 294–311.

Gottesman, Itzik Nakhmen: Defining the Yiddish Nation. The Jewish Folklorists of Poland, Detroit, Mich., 2003.

Herman, Dana: Hashavat Avedah. A History of Jewish Cultural Reconstruction, Inc. (unveröff. Dissertation, McGill University Montreal, 2008).

Kassow, Samuel D.: Who Will Write Our History? Emanuel Ringelblum, the Warsaw Ghetto, and the Oyneg Shabes Archive, Bloomington, Ind., 2007.

Kawałko, Anna: From Breslau to Wrocław. Transfer of the Saraval Collection to Poland and the Restitution of Jewish Cultural Property after WW II, in: Naharaim. Zeitschrift für deutsch-jüdische Literatur und Kulturgeschichte/Journal of German-Jewish Literature and Cultural History 9 (2015), H. 1–2, 48–72.

Kennedy Grimsted, Patricia: Sudeten Crossroads for Europe's Displaced Books. The »Mysterious Twilight« of the RSHA Amt VII Library and the Fate of a Million Victims of War, in: Mečislav Borák (Hg.), Restitution of Confiscated Works – Wish or Reality? Documentation, Identification and Restitution of Cultural Property of the Victims of World War II. Proceedings of the International Academic Conference Held in Liberec, 24–26 October, 2007, Prag/Šenov 2008.

Dies.: Reconstructing the Record of Nazi Cultural Plunder. A Survey of the Dispersed Archives of the Einsatzstab Reichsleiter Rosenberg (ERR), in: IISH Research Papers 47 (2011), <https://lootedart.com/PAD8SS251031> (15. September 2021).

Kurtz, Michael J.: America and the Return of Nazi Contraband. The Recovery of Europe's Cultural Treasures, Cambridge 2006.

Kuznitz, Cecile E[sther]: YIVO and the Making of Modern Jewish Culture. Scholarship for the Yiddish Nation, New York 2014.

Dies.: An-sky's Legacy. The Vilna Historic-Ethnographic Society and the Shaping of Modern Jewish Culture, in: Gabriella Safran/Steven J. Zipperstein (Hgg.), The Worlds of S. An-sky. A Russian Jewish Intellectual at the Turn of the Century, Stanford, Calif., 2006, 320–345.

Leff, Lisa Moses: The Archive Thief. The Man who Salvaged French Jewish History in the Wake of the Holocaust, New York 2015.

Lustig, Jason: Who Are to Be the Successors of European Jewry? The Restitution of German Jewish Communal and Cultural Property, in: Journal of Contemporary History 52 (2017), H. 3, 519–545.

Moses, Siegfried: Jewish Post-War Claims, Tel Aviv 1944.

Pinson, Koppel S.: Jewish Life in Liberated Germany. A Study of the Jewish DP's, in: Jewish Social Studies 9 (1947), H. 2, 101–126.

Rabinowitz, Dan: The Lost Library. The Legacy of Vilna's Strashun Library in the Aftermath of the Holocaust, Waltham, Mass., 2019.

Robinson, Nehemiah: Indemnification and Reparations. Jewish Aspects, New York 1944.

Shandler, Jeffrey (Hg.): Awakening Lives. Autobiographies of Jewish Youth in Poland before the Holocaust. Mit einer Einleitung von Barbara Kirshenblatt-Gimblett, Marcus Mosley und Michael Stanislawski, New Haven, Conn., 2002.

Shilo, Bilha: »Funem folk, farn folk, mitn folk«. The Restitution of YIVO's Collections from Offenbach to New York, in: Moreshet 14 (2017), 361–411.

Sinkoff, Nancy: From Left to Right. Lucy S. Dawidowicz, the New York Intellectuals, and the Politics of Jewish History, Detroit, Mich., 2020.

Dies.: From the Archives. Lucy S. Dawidowicz and the Restitution of Jewish Cultural Property, in: American Jewish History 100 (2016), H. 1, 117–147.

Sutzkever, Abraham: Wilner Getto 1941–1944, aus dem Jidd. von Hubert Witt, Zürich 2009.

Ders.: Gesänge vom Meer des Todes, aus dem Jidd. von Hubert Witt, Zürich 2009.

Weinreich, Max: Hitler's Professors. The Part of Scholarship in Germany's Crimes against the Jewish People. Mit einer Einleitung von Martin Gilbert, New Haven, Conn., ²1999 (zuerst 1946).

Weiser, Kalman: Coming to America. Max Weinreich and the Emergence of YIVO's American Center, in: Lara Rabinovitch/Hannah S. Pressman/Shiri Goren (Hgg.), Choosing Yiddish. New Frontiers of Language and Culture, Detroit, Mich., 2013.

Weiss, Yfaat: »Nicht durch Macht und nicht durch Kraft, sondern durch meinen Geist«. Die Hebräische Universität in der Skopusberg-Enklave, in: Jahrbuch des Simon-Dubnow-Instituts/Simon Dubnow Institute Yearbook 14 (2015), 59–90.

Dies.: Von Prag nach Jerusalem. Kulturgüter und Staatswerdung, in: Vierteljahrshefte für Zeitgeschichte 63 (2015), H. 4, 513–538.

Zadoff, Noam: Von Berlin nach Jerusalem und zurück. Gershom Scholem zwischen Israel und Deutschland, aus dem Hebr. von Dafna Mach, Göttingen 2020 (hebr. 2015; engl. 2018).

Zenderland, Leila: Social Science as a »Weapon of the Weak«. Max Weinreich, the Yiddish Scientific Institute, and the Study of Culture, Personality, and Prejudice, in: Isis. A Journal of the History of Science 104 (2013), H. 4, 742–772.

## Zur Autorin

Bilha Shilo promoviert in jüdischer Geschichte an der Hebräischen Universität Jerusalem und arbeitet für die Internationale Schule für Holocaust-Studien (ISHS) der Gedenkstätte Yad Vashem. Von 2016 bis 2019 war sie Mitglied des vom Franz Rosenzweig Minerva Research Center an der Hebräischen Universität Jerusalem und vom Deutschen Literaturarchiv Marbach durchgeführten Erschließungsprojekts »Traces and Treasures of German-Jewish History in Israel«, in dessen Rahmen Archivbestände und Privatsammlungen deutsch-jüdischer Provenienz in Israel katalogisiert wurden. Hierzu wie auch zur Restitutionsgeschichte des YIVO hat sie mehrere Beiträge in hebräischer und englischer Sprache publiziert.